LES HISTOIRES MODERNES

DE

LA VIE DE JÉSUS

PARIS. — TYPOGRAPHIE DE CH. MEYRUEIS
RUE DES GRÈS, 11. — 1865.

LES HISTOIRES MODERNES

DE

LA VIE DE JÉSUS

CONFÉRENCE

SUR LES ÉCRITS DE STRAUSS, RENAN ET SCHENKEL

AUSSI BIEN QUE SUR LES DISSERTATIONS DE COQUEREL FILS,
SCHÉRER, COLANI ET KEIM

PAR CH. ERNST LUTHARDT

TRADUIT DE L'ALLEMAND

PAR PHILIPPE CORBIÈRE

L'UN DES PASTEURS DE L'ÉGLISE RÉFORMÉE DE MONTPELLIER

<hr>

PARIS

LIBRAIRIE DE CH. MEYRUEIS, ÉDITEUR

RUE DE RIVOLI, 174

1865

AVERTISSEMENT

Les feuilles qui vont suivre furent lues en abrégé, dans une conférence pastorale tenue à Dresde, le 9 août 1864. Trois mois plus tard, il en avait été fait deux éditions.

M. Luthardt, connu comme professeur et comme pasteur par des publications justement estimées, s'est fait, depuis deux ans, un public sur les confins de l'école et de l'Eglise. Dans ce nouveau milieu, qui est celui de la conférence, il édifie encore; mais eu parlant au cœur, il se préoccupe des besoins de l'esprit; il fait de la science, non pas précisément pour les théologiens, mais pour les hommes instruits.

Les conférences qu'il prononça dans l'hiver de 1864 sont au nombre de dix, et ont été publiées sous le titre de *Traité apologétique sur les vérités fondamentales du Christianisme*. Il en a déjà paru trois éditions en allemand, et elles ont été traduites en anglais et en suédois. Nous savons qu'on s'occupe de les traduire en français. Espérons que nous les posséderons bientôt dans notre langue. A vrai dire, elles nous appartiennent un peu, car elles sont de la méthode de Pascal et ont été inspirées par son esprit. L'auteur nous dit lui-même que son livre est né de la méditation des *Pensées* de notre illustre compatriote. Ajoutons que si le germe est de notre provenance, il a été fécondé par la science allemande.

L'hiver dernier, M. Luthardt et deux de ses collègues, MM. Kahnis et Brueckner, ont fait de concert des conférences qui ont été très suivies et qui viennent d'être réunies en un volume ayant pour titre : *L'Eglise d'après ses origines, son histoire et son état actuel.* La question des origines a été traitée par M. Luthardt. La première conférence, qui est relative à l'Ancien Testament, est un travail très recommandable.

Quant à sa date, la brochure dont nous offrons la traduction vient se placer entre les deux autres publications. L'on remarquera la justesse de coup d'œil avec laquelle l'auteur saisit le côté faible des systèmes. Quelques mots lui suffisent ensuite pour montrer clairement aux autres ce qu'il a si bien vu.

M. Luthardt nous semble, à la fois, bienveillant et sévère : il a la bienveillance qu'inspire le respect des caractères et la sévérité que commande l'amour de la vérité. Il sait avant tout être juste, et là où il découvre du bien, il distribue volontiers des éloges.

Pour lui, la vérité chrétienne date de Jésus-Christ, et n'a pas cessé de faire la vie de l'Eglise. Loin d'ébranler cette conviction, la science n'a fait que l'affermir. Il tient à cette base immuable, non à cause de son ancienneté, mais à cause de sa vérité.

Les écrits de M. Luthardt doivent plaire aux hommes de foi et satisfaire les hommes de science.

LES HISTOIRES MODERNES

DE

LA VIE DE JÉSUS

CONFÉRENCE

C'est un signe particulier de notre temps que les esprits, si préoccupés par les nombreuses affaires de la vie, les questions politiques, sociales, industrielles, aient pu se porter avec tant de force sur la question centrale de la religion, qui est la vie et la personne de Jésus-Christ. On aurait pu croire que la génération actuelle, si avide des intérêts de la terre et si occupée des problèmes qui s'y rapportent, en était tellement absorbée qu'il ne lui restait ni temps ni affection pour les sujets religieux. Et cependant, nous le voyons, toute l'activité des esprits se porte sur la personne de Jésus-Christ. Il y a là de quoi nous surprendre. On le concevrait encore s'il s'agissait de questions religieuses ou ecclésiastiques abordées par le côté pratique, si l'on avait à s'occuper d'affaires relatives à la constitution ecclésiastique, au culte, au baptême, au catéchisme, d'un recueil de cantiques ou d'autres choses semblables auxquelles tout le monde doit s'intéresser. Car, par elles, la religion touche à la vie de tous les côtés ; elle prend une forme sensible pour aller à la rencontre des individus, réclamer leur concours et diriger leurs efforts. Mais il en est autrement ici. En effet, lorsque nous prononçons le nom de Jésus-Christ, nous nommons la sainteté intérieure du christianisme même, la plus pure affection de l'âme religieuse, le plus profond problème de la connaissance chrétienne, le point central de tous les dogmes sous la forme d'un fait ou d'une question d'histoire. Mais précisément, à cause de cela, nous devons nous réjouir de cette agitation. Aussi diverses que puissent être les réponses que l'on fait ou que l'on cherche à ce problème, l'intérêt même qu'il a pu exciter montre très bien la puissance de la religion et l'influence que la personne de Jésus-Christ exerce sur les esprits et sur les cœurs des hommes de notre temps. Les traces de cette haute personnalité sur les âmes sont si ineffaçables, l'attrait qu'elle n'a cessé d'exercer est si puissant, que les hommes ne sauraient s'en affranchir. On peut se tromper sur Jésus-Christ, on peut se laisser séduire et se détourner de lui, on peut même, hélas ! qu'y a-t-il d'impossible ? répondre à son amour par de la haine, mais on ne peut pas l'ignorer. Cette vérité incontestable nous servira de preuve dans ce débat.

Il est certain que la vive émotion dont nous sommes témoins n'est pas un caprice passager du moment, mais qu'elle a une signification profonde et que les effets en seront durables. On aura bientôt oublié les écrits qui ont eu un retentissement si grand et si inaccoutumé; dans quelques années, on ne parlera plus d'ouvrages et de noms qui sont maintenant dans toutes les bouches; mais l'agitation des esprits, dont ces écrits sont moins la cause que le symptôme, laissera de longues traces après elle. Quels en seront les effets? Favoriseront-ils la vie religieuse de notre peuple ou lui seront-ils préjudiciables? Cela dépendra, en grande partie, de la façon dont nous comprendrons et sentirons le devoir que Dieu nous impose dans le fait dont nous parlons. Car ce fait n'est pas un événement fortuit; il tient, avant tout, aux dispositions régnantes des esprits et se rattache, d'une façon spéciale, au développement de la moderne théologie.

Notre temps, malgré sa nature complexe, et quelque divers que soient les éléments dont il est le résultat, a pourtant un caractère bien tranché qui marque de son empreinte ses tendances et ses efforts variés et qui se reflète dans le bien comme dans le mal : c'est le sens pour le réel. Les préludes de cette manière de sentir remontent assez loin; sa domination sur les esprits, c'est peut-être ainsi que l'on doit dire, date de vingt-cinq ans environ. Ce fut vers 1840 que la philosophie commença d'être minée par l'histoire. Dans tous les domaines, dans celui de la vie politique, de la vie sociale, dans le domaine religieux comme dans le domaine ecclésiastique, vous pouvez remarquer cette disposition de l'esprit moderne. Qu'on porte sur cette propension de notre temps le jugement que l'on voudra : c'est un fait, et personne ne peut le contester, pas plus les croyants que les incrédules. La volonté de Dieu est incontestablement que nous saisissions et que nous nous appliquions à résoudre dans ce sens les plus profondes questions de la nature humaine. Nous ne devons pas les considérer simplement au point de vue de la vérité absolue, mais aussi à celui de la réalité historique. Vous le savez : il en était autrement au temps de l'orthodoxie, lorsque l'on se renfermait dans le domaine de la théologie. Alors les questions religieuses étaient placées avant tout et presque exclusivement envisagées au point de vue de la logique du dogme. Dans ce temps, cette base, qui serait un anachronisme insupportable pour le nôtre, suffisait : « La dogmatique a le pas sur l'histoire. » Le rationalisme, au contraire, regardait comme suffisantes la pensée et les opinions individuelles. Il avait aussi peu ou encore moins le véritable sens de l'histoire que l'ancienne orthodoxie. Ce n'est que depuis le commencement de ce siècle que le sens réellement historique se fait jour. La théologie traversait la période du sentiment religieux et de la pensée spéculative avant de donner accès chez elle au sens historique, qui déjà avait commencé d'agir dans les différents domaines de la science et de l'art. L'esprit théologique ne peut pas se soustraire à l'esprit général du temps, et l'esprit de notre époque va aux faits. Cet attrait que l'époque actuelle a pour la réalité est, parfois, d'un aspect repoussant; mais l'existence du matérialisme témoigne en faveur de la puissance du réel, et la mauvaise interprétation d'une vérité ne doit pas la faire abandonner.

Notre temps a peu d'attrait pour le dogme; mais quand il se présente sous la forme de l'histoire, le problème dogmatique excite toujours un très vif intérêt. Le dogme de Jésus-Christ s'est enveloppé dans la question de sa personnalité historique. Pour nous former une opinion, il faut consulter non la logique dogmatique, mais la réalité de l'histoire. Les recherches sur la vie de Jésus sont, avant tout, un produit nécessaire de l'esprit actuel.

Le développement de la théologie moderne ne porte pas moins sur ce point. La tendance critique dans la théologie du présent est une plus grande force qu'on ne le pense peut-être. Quoiqu'on ne puisse parler de la suprématie d'aucune école critique déterminée, quand même l'école de Baur, dans le sens étroit, s'est plus disloquée qu'étendue, la tendance critique est néanmoins une force qu'on ne peut méconnaître, et ceux-là même qui s'opposent par la lutte aux ravages dont elle les menace, ne peuvent pas se soustraire tout à fait à son influence. Nous avons tous un fond de critique dans notre esprit, et notre foi n'arrive au repos qu'après s'être mesurée avec les attaques de la critique. Mais l'ordre général des idées qui gouvernent la marche de la critique est la connaissance de l'histoire réelle dont nous avons le témoignage dans l'Ecriture. On dit : La critique est le développement de la Réformation. La Réformation en appelait de l'Eglise à l'Ecriture qui en est le fondement; la critique en appelle de l'Ecriture à l'histoire réelle, qui est elle-même le fondement de l'Ecriture. Le romanisme s'endort sur l'autorité de l'Eglise historique, le protestantisme traditionnel se contente de l'autorité de l'Ecriture transmise historiquement; le véritable protestant, nous dit-on, n'en appelle qu'à la connaissance de l'histoire réelle dans laquelle se trouvent les origines du christianisme. Et de même que l'Ecriture fait le fond de l'Eglise, de même l'histoire fait le fond de l'Ecriture. Nous convenons tous que l'Ecriture est le récit de cette histoire; nous convenons aussi qu'il faut distinguer entre ces deux choses, savoir le récit du fait et le fait lui-même; et, pour reconnaître celui-ci, nous avons à traiter l'Ecriture, en tant que source écrite, comme on traite les autres sources scripturaires. Mais comme ce serait un protestantisme mal compris que celui qui anéantirait l'Eglise par amour pour l'Ecriture, celui-ci ne serait pas moins faux qui anéantirait l'Ecriture par amour pour une histoire prétendue véritable.

L'histoire que l'on recherche est celle de l'origine du christianisme. Jusqu'ici, l'école critique s'était bornée à l'étude de ce qu'il y a d'essentiel dans le siècle apostolique et dans celui qui l'a suivi. On s'occupait alors des forces contraires dont l'opposition et l'accord devaient avoir produit l'Eglise et son christianisme. La personne de Jésus-Christ même n'était abordée qu'avec retenue. On aimait à rester en contemplation devant lui et à ne laisser tomber sur sa personne que quelques rayons tamisés des lumières de la critique. Le temps de l'Eglise en formation était le domaine d'une critique riche d'hypothèses. Et avant tout, c'était de la personne de l'apôtre Paul que l'on s'occupait avec prédilection; de sorte qu'il semblait que la pensée fondamentale du christianisme, l'universalisme, l'avait pour fondateur. Mais les nécessités d'une logique inflexible poussaient à la personne de Jésus. On devait se convaincre qu'il est l'origine du christianisme, que s'occuper de l'origine du christianisme, c'est se faire des questions sur Jésus-Christ. Dans ces questions que l'on se fait sur son compte se concentre maintenant tout l'intérêt des recherches de la critique. La personne de Jésus-Christ est devenue la question intime de la théologie actuelle. Nous sommes tous dominés par ce problème, nous ne pouvons nous en détourner.

Nous le voyons : c'est là le produit de l'état général des esprits, non moins que le développement théologique de l'époque.

Que signifie cette question?

On nous dit : C'est un dilemme entre la dogmatique et l'histoire. Le dogme ecclésiastique de la personne du Christ contredit la réalité historique de Jésus. Ces deux points de vue, le dogmatique et l'historique, sont en lutte l'un avec l'autre. La victoire ne peut être douteuse. Le fait même que l'on écrit la vie de Jésus est une preuve de l'abandon du dogme. La vie de Jésus est un produit de la critique. Par cela seul que vous entrez dans cette voie, vous avez déjà abandonné votre position. Une vie de Jésus au point de vue dogmatico-ecclésiastique est en soi une contradiction. Car le dogme ne supporte pas l'histoire et l'histoire détruit le dogme. Voilà ce qu'on nous dit.

Alors, sans doute, nous devons le penser, le dogme est faux, car si la vie de Jésus est un fait historique, le dogme ne doit être autre chose que la traduction de l'histoire dans la pensée, que la vraie conception de l'histoire. Lorsque nous nous soumettons à l'autorité de la vie de Jésus, nous montrons ainsi que c'est seulement par le dogme que l'histoire est intelligible et que « le Fils de Dieu, » dans le sens que l'Eglise attache à ce mot, est la clef qui ouvre la serrure de cette histoire. Si l'aptitude nous manquait pour le montrer, c'est au moins notre conviction. Notre foi se fonde sur l'Ecriture et l'histoire dans leur accord mutuel. Car précisément l'Ecriture est ce en quoi nous trouvons l'histoire, dont le dogme est l'explication, et nous n'avons pas besoin d'affaiblir et de déchirer l'Ecriture par la critique pour venir après elle, et entrer en possession de l'histoire.

Pourquoi soutient-on qu'il y a opposition entre le dogme et l'histoire? On veut saisir l'histoire qui résulte de l'Ecriture. Mais quelle est cette histoire? Le contenu de l'Ecriture est miraculeux et le dogme est la conception intellectuelle du miracle. Mais l'histoire, nous assure-t-on, n'est pas quelque chose de miraculeux et, par suite, elle est une protestation contre l'Ecriture et le dogme. Comment sait-on que l'histoire n'est pas quelque chose de miraculeux? Parce que nous nions que les autres histoires soient d'une nature miraculeuse, devons-nous aussi le nier de celle-ci, dont nous affirmons cependant qu'elle n'est pas une histoire ordinaire? Mais si c'était ici le cas d'un fait qui entrât dans le cours ordinaire des choses et qui servît au développement de la vie naturelle ; si, de plus, ce fait n'était pas d'un autre genre que ceux de la vie ordinaire, quoiqu'il en fût spécialement distinct, si c'était, par exemple, le rétablissement de notre union avec Dieu ! Il est dans la nature des choses que cette histoire ne soit pas un produit du cours ordinaire des choses, mais elle doit être un fait de Dieu dans le cours de cette histoire. C'est donc le commencement créateur de nouvelles relations qui s'établissent entre Dieu et nous (1). Mais chaque commencement créateur est un miracle. Comme le commencement du monde, comme le premier homme, le Fils de l'homme est un miracle. Il n'est pas le produit de préjugés qui l'attendaient mais qui ne pouvaient le produire. Sans contredit, il appartient à l'histoire, toutefois elle ne l'a pas engendré, elle l'a reçu. Il n'a pas rompu l'enchaînement des faits, il s'y est incorporé et l'a accompli. Il est comme la greffe

(1) Voyez la note A, à la fin de la brochure.

attachée au tronc sauvage. La sève de l'arbre monte et prend en elle sa propriété. Ainsi notre chair et notre sang s'anoblissent et se renouvellent en Jésus-Christ. Le rejeton devient un arbre et porte des branches. Nous devons être une branche à l'arbre de la nouvelle humanité de Dieu en Jésus-Christ.

La question n'est pas dogme et histoire, c'est bien plus, c'est la question du temps présent : c'est la question de la révélation, du miracle, du surnaturel, transportée simplement dans le domaine de la vie de Jésus-Christ. C'est de cela qu'il s'agit. En effet, le dogme et l'histoire ne peuvent se séparer. Il est incontestable que dans le passé le dogme a eu le pas sur l'histoire, tandis que dans le présent l'histoire est portée à prévaloir sur le dogme. Je pourrais rappeler quelque chose de semblable dans un autre domaine. Les plus anciens portraits que l'on a faits de Jésus, par la peinture, sont d'une nature purement idéale. La vérité historique n'y est pas prise en considération. Peu à peu l'art s'élevait vers la réalité et cherchait à représenter dans les apparitions de l'histoire l'éternel et le divin. Vous connaissez tous le type bysantin de la figure du Christ, dans laquelle le visage du Sauveur, dépouillé de tout entourage historique et de tout ce qui tient aux agitations de la vie, est élevé dans le monde de l'éternité et de la gloire. On l'a entouré de l'expression divine d'un repos inaltérable : c'est l'enveloppe d'une idée, non la copie d'un fait. Nous reconnaissons tous la vérité qui sert ici de base, mais nous trouvons que la réalité historique n'a pas été prise en consi-

dération : au contraire, c'est l'apparence et quelquefois l'aspect le plus vulgaire que les peintres hollan-
dais nous présentent quand ils nous font de l'histoire
sainte un tableau de genre. Ici, ce qui nous manque,
c'est la conception idéale et le secret divin. Là est
la vérité sans la réalité, ici la réalité sans la vérité.
Nous demandons la vérité entière comme le support
de la vérité infinie. Nous voulons voir l'éternité, mais
dans l'action, le repos divin, mais dans le mouvement;
le Fils unique de Dieu, mais en chair et en sang. Cette
union des contraires est le plus haut idéal de l'art et
son but le plus élevé. Cette solution ne sera jamais
complète, mais on aura une idée toujours plus claire
du but vers lequel il faut tendre.

Il en est de même dans la conception théologique
de la personne du Christ. L'image du Christ de l'ancienne dogmatique orthodoxe a quelque chose en soi
d'un portrait bysantin du Christ. Certainement ce
portrait exprime la vérité essentielle, mais non la
complète réalité historique. Le type rigoureux de
toute la figure, la conformation lourde, la difficulté
de mouvements à laquelle la nature divine se con-
damne en se manifestant au dehors sur le fondement
de l'histoire, tout cela laisse subsister un certain
abime non, à la vérité, dans le dogme, mais entre
la formule dogmatique et la réalité historique. Si
nous partons de l'Evangile et que nous allions à l'ex-
position de la personne du Christ, chez Quenstedt par
exemple, nous devrons faire un saut, et nous ne pour-
rons méconnaître que la formule du dogme n'est pas

l'expression immédiate du récit évangélique. En vérité, qui pourra exposer le dogme si exactement que l'histoire soit pleinement satisfaite, ou rendre l'histoire de telle sorte qu'elle ne fasse aucun obstacle au dogme? Nous devons reconnaître ici notre impuissance : la pensée que nous formons, et dans laquelle nous essayons de concevoir l'homme-Dieu, unit les plus grosses oppositions qui puissent être imaginées. Mais cela reste toujours notre tâche, quoique nous ne puissions pas la remplir, et le but de nos réflexions, quoique nous soyons incapables de l'atteindre. Bien que cette pensée paraisse contradictoire en soi, elle est pourtant la vérité. D'où viendrait autrement l'action que, dans tous les temps, Jésus-Christ a exercée sur les âmes, si ce n'était de cette unité des grands contrastes qui sont renfermés dans sa personne et dans sa vie? C'est là le secret de sa puissance sur les âmes et aussi la source de notre consolation.

Mais précisément la critique moderne de la vie de Jésus détruit l'unité des contrastes et les réduit exclusivement à l'être humain. Elle se fonde sur cette prétendue différence pour demander un portrait du Sauveur véritablement historique et véritablement humain. Elle s'attribue la gloire de représenter le vrai point de vue historique ; mais la véritable humanité est pour elle la négation de la divinité de Jésus, et la véritable historicité est surtout la négation du miracle et du surnaturel. Sur cette supposition on construit la vie de Jésus. Si l'on efface le miracle qui s'infiltre à travers toute cette vie jusque dans les plus petits détails,

il ne peut rester d'autre parti que de se faire un
Christ à sa guise. En effet, si tout ce qu'il y a de miraculeux dans les évangiles n'est pas historique, que
reste-t-il donc d'historique? Nous sommes réduits à
nous-mêmes. On prétend posséder la véritable méthode historique sur la théologie de la tradition et
l'on n'a en réalité que la méthode de la volonté sub-
jective (1). Un examen critique de ces histoires modernes de la vie de Jésus fournira la preuve de cette
assertion.

Comme dans les temps passés l'on s'était contenté
d'agir par une critique dissolvante, on a maintenant
reconnu le besoin de quelque chose de positif et l'on
a vu apparaître une suite d'histoires de Jésus appar-
tenant à la tendance critique. Quel est le motif particulier et déterminant de ces histoires? Ce n'est pas
une rigueur non satisfaite de la conscience, mais j'en
appelle à ces histoires mêmes et je soutiens (je puis ici
invoquer des témoignages irrécusables de la presse ;
voyez *Augsb. Allg. Zeitung*, 1864, N. 144, Beil. S.
2342) que ni l'impulsion scientifique, ni l'exigence
du sentiment de la vérité n'ont enfanté cette littérature, mais qu'elle est due en très grande partie, au
besoin d'agir au dehors et à l'esprit d'agitation. On
veut produire un mouvement général des esprits; ce
mouvement doit aussi agiter les âmes, car les différents domaines de la vie spirituelle sont entre eux
dans un rapport et dans une corrélation intimes.

(1) Voyez la note B, à la fin de la brochure.

La démonstration de ce que nous venons d'avancer
se présente tout de suite à nous dans un ouvrage où
l'on aurait dû le moins s'y attendre, dans *la Vie de
Jésus* par Strauss. Je m'occuperai d'abord de ce livre,
quoique dans l'ordre des temps il ne devrait venir
qu'après celui de Renan ; mais le travail de Strauss
représente une époque plus ancienne ; il est, au fond,
un anachronisme.

Vous savez que la première *Vie de Jésus*, par
Strauss, il y a bientôt trente ans, fut l'étincelle de
l'esprit moderne dans la théologie. Strauss se servit
du miraculeux qui se trouve dans l'histoire évangélique ainsi que des dissonances qui abondent dans
les récits pour tourner tout ce qu'ils renferment d'essentiel en mythes, c'est-à-dire en pures fictions. Dans
ces mythes, les idées en vigueur au sein de la société
se revêtaient d'un habit historique traditionnel, dont
les images messianiques de l'Ancien Testament four-
nissaient la substance. Mais l'hypothèse fondamentale
de ce procédé critique tenait certainement aux idées
philosophiques de l'auteur d'après lesquelles il ne pouvait y avoir ni miracle, ni surnaturel, puis qu'il n'y a ni
un autre monde en dehors de celui-ci, ni Dieu personnel et vivant. D'après lui tout n'est que le simple développement d'un germe contenu dans ce monde ter-
restre de la nature et de l'esprit. Ainsi, tout est relatif,
rien n'est absolu. D'où il suit qu'aucun homme en
particulier ne peut être la réalisation absolue de l'idée,
mais n'est simplement qu'un point relativement élevé

sur l'échelle de l'humanité, que, par conséquent, Jésus aussi a été soumis à cette loi des bornes du temps et de la limite individuelle. C'était la traduction de la philosophie hégélienne s'étalant dans ses conséquences sur le domaine de l'histoire biblique ; et il regardait comme un dogme invariable que la critique doit s'attaquer à l'histoire évangélique et aux écrits qui la renferment.

Strauss n'est pas sorti de ce point de vue dans son nouveau travail pour le peuple allemand, c'est ainsi qu'il appelle son livre. Le temps qui s'est écoulé entre les deux ouvrages a été extrêmement riche pour la critique littéraire des évangiles. Il ne paraît pas que Strauss en ait acquis une bien ample connaissance. Il trouve que la critique est montée en herbe (1), sans produire du fruit ; à ses yeux il faut qu'elle soit profitable. Cela lui a déjà été reproché par ceux qui s'occupent de cette science pour elle-même. Holtzmann, de Heidelberg, se montre mécontent de ce qu'il a tenu si peu de compte de ses recherches sur les évangiles et de ses preuves abondantes en faveur de la priorité de Marc. Ce théologien va jusqu'à lui contester assez franchement le droit de discuter avec lui dans ces questions de critique. Strauss en est resté à l'ancien point de vue de l'école de Tubingue : il soutient que l'évangile de complétée (1), de sorte qu'il ne serait bien en venir

____

(1) *Nouvelle Vie de Jésus*, traduite par MM. Nefftzer et Dollfus, t. I, p. xi de l'Introduction. — Dans toutes les citations qui vont suivre, le chiffre romain indiquera les pages de l'Introduction et le chiffre arabe celles du corps de l'ouvrage.

Marc a été écrit le troisième et qu'il est un résumé pâle et incolore de Matthieu et de Luc (1). La critique de Baur, dont l'époque a été postérieure à son premier travail de la *Vie de Jésus* ne lui a pas paru digne d'une grande attention, car Baur (d'après sa pensée qu'il cherche à justifier) (2) n'a fait que poursuivre ce qu'il avait lui-même commencé et n'a rien découvert d'essentiel qu'il eût lui-même négligé. Il brode seulement, d'après le point de vue de la tendance critique de Baur, sa conception poétique du mythe. De la sorte, il obtient quelque chose de certainement douteux et avarié. Mythique n'a pour lui d'autre signification qu'imaginaire. Et les récits évangéliques, après comme avant, sont naturellement et en général, étrangers à l'histoire, puisqu'une grande partie de leur contenu est miraculeux.

Le préjugé est resté le même. Sa philosophie ignore et doit ignorer qu'un individu peut être unique, et qu'une chose historique peut être aussi originale. Si grand que soit Jésus, il reste néanmoins dans l'humanité, non au-dessus. Jésus se comporte pour la religion, comme Socrate pour la philosophie ou Aristote pour la science (3). Sa valeur fait époque, mais il a ses limites et ses faiblesses, comme tous les autres hommes, et son œuvre ne doit pas seulement être continuée, il faut aussi qu'elle soit développée et complétée (4), de sorte qu'il pourrait bien en venir un autre qui le surpasserait. Que quelqu'un se lève

<hr>

(1) *Nouvelle Vie de Jésus*, t. I, p. 165. — (2) *Id.*, t. I, p. 124. — (3) *Id.*, t. I, pp. 44, 45. — (4) *Id.*, t. II, p. 422.

seulement, en qui l'esprit religieux du temps nouveau se soit complétement incarné, il ne cherchera pas à se coller à Jésus, mais il poursuivra son œuvre dans un esprit personnel (1). C'est là l'ancienne thèse philosophique d'après laquelle l'idée n'atteint pas son plein développement dans un seul individu de l'espèce.

La nouveauté du livre ne se trouve pas dans les idées mais dans la tendance. Strauss veut agir sur le peuple. Dans son premier ouvrage il était un homme de science qui, avec un certain orgueil aristocratique, faisait de la différence entre le cercle des savants et les masses qui ne peuvent pas supporter la clarté de la vérité toute nue. Egalement dans les temps d'agitation politique, il ne voulait avoir rien à démêler avec la démagogie, mais il se retirait à l'écart dans un isolement scientifique de son choix. Il a vu depuis que certains auteurs ont ramassé l'or de la pensée scientifique pour le refondre dans le creuset du travail journalier, et que l'on pouvait ainsi soigner ses affaires. Alors, il a cru ne pas devoir rester en arrière et laisser à d'autres la meilleure part : il est passé aux hommes d'action.

Que son livre soit écrit dans un style très populaire, personne ne voudra le soutenir. Il est encore trop abstrait scientifiquement, et par la forme des recherches il devient fatigant. S'il s'est flatté de l'espoir qu'il serait pour le public allemand ce que Re-

____

(1) *Nouvelle Vie de Jésus*, t. II, p. 424.

nam est devenu pour les Français, il s'est trompé. Ce dernier écrivain a bien mieux compris comment il faut traiter les questions de la science pour en faire une lecture amusante. Seulement le sel amer de la voix ou du discours, le ton vulgaire ou frivole avec lequel il traite souvent son sujet, rend peut-être le livre de Strauss plus savoureux pour quelques lecteurs. Mais c'est surtout contre les théologiens qu'il se fâche; par les cris qu'ils ont poussés contre lui, ils lui ont gâté sa carrière et l'ont réduit à une existence littéraire (1). Il déverse sur eux, quand il le peut, tout le débordant de sa colère ou de sa raillerie. Il parle, par exemple, de campagnols, de fortifications de cartons, de nids de cloportes (2). Le plus petit d'entre le peuple comprendra très bien ce qu'il veut dire quand il fait imprimer en gros caractères, dans son bruyant écrit : « Qui pourront chasser les prêtres de l'Eglise doit d'abord acclamer les miracles de la religion (3) »... pensée scientifique pour le refondre dans « sa religion ». Ce but pratique est le premier intérêt, l'autre n'est que le moyen de l'atteindre. Il veut renvoyer les prêtres, ou tout au moins exercer sur eux une pression qui les force à céder à l'opinion publique, afin que l'esprit humain soit affranchi du joug oppressif de la foi. A cet effet, il cherche à fonder une sorte d'Eglise libre dans laquelle une religion humanitaire deviendra la base de la liberté politique. Voilà poir qu'il serait pour le public allemand ce que Re-

(1) *Nouvelle Vie de Jésus*, t. I, p. viii. — (2) *Id.*, t. I, pp. 212, 213. — (3) Cette phrase de la Préface du livre original n'a pas été reproduite dans la traduction. (TRADUCTEUR.)

ce qu'il croît être sa mission, et il regarde comme ses auxiliaires l'Eglise catholique allemande, les amis de la lumière et les libres penseurs. Il y aurait eu injustice à lui attribuer ces intentions il y a quelque temps : maintenant il en est venu à se persuader qu'il retrouve sa chair et son sang dans ces essais frivoles et déplorables. L'aveuglement de son esprit est tel qu'il parvient à découvrir des sujets d'espérance dans d'aussi tristes tentatives, et s'enflamme à la pensée que le peuple peut bien subsister sans religion positive. En agissant de la sorte, il est tout à fait dépourvu de sympathie populaire. Comment comprendrait-il donc les besoins profondément religieux du cœur humain ? Il ne peut se dissimuler que son projet met l'Ecriture en lambeaux et il avoue de plus que ce projet transperce le cœur de beaucoup d'honnêtes chrétiens... Et pour de tels brisements d'entrailles il n'a que des paroles moqueuses [1] Enfin de compte, pense-t-il, cela ne causera qu'un peu de fatigue d'esprit, quelque chose de la tête à ceux dont il renverse ainsi des espérances [1]. Chose ardue [1] Certainement il veut aussi la religion et le christianisme. Mais quelle religion et quel christianisme ? Il se porte le défenseur d'un système qui, en dehors de tout auxiliaire surnaturel, élève l'homme au-dessus de lui-même et de l'ordre régulier [2] rejetant tout, il débarrasse la religion de toute idée de miracle [3] et la réduit à la mesure de la raison du

(1) Nouvelle Vie de Jésus, t. I, p. XVIII. — (2) Id., t. I, p. [illegible], — (3) Id., t. I, p. XVI. — (4) Id., t. I, p. 171. — (5) Id., t. I, p. 213.

naturel. Le christianisme ne s'élève au-dessus des religions qui l'ont précédé que par l'association de la sensibilité grecque et de la légalité juive auxquelles il substitue la foi à la souveraineté de la force spirituelle et morale, et il établit un service divin religieux et moral, qui est une affaire de cœur et de sentiment (1). C'est là le grand fait du christianisme, à savoir qu'il amène l'homme du monde extérieur au monde intérieur du sentiment; cela se voit très clairement dans le discours de la montagne, ce programme du nouveau monde chrétien (2). Il exige le sentiment de l'amour comme étant le nouveau principe chrétien de la morale, et là-dessus il établit la grande loi de l'humanité. L'humanité n'est autre chose que l'assujettissement de tous les individus à l'idée générale de la nature humaine. La plus haute tendance spirituelle et morale de son point de vue religieux, est celle de l'Ancien Testament; la tendance humanitaire est l'héritage grec que le christianisme s'est approprié (3). Aussi est-il le produit naturel des temps qui l'ont précédé. Christ n'a fait qu'exprimer ce résultat du développement de l'esprit humain. Il avait été rendu capable de le faire par « sa belle nature » qui se développait harmoniquement, sans luttes pénibles, dans un calme égal et symétrique, que produisait en lui la disposition sereine d'une aimable bonté (4).

Mais que savons-nous maintenant de Jésus? Extrê-

(1) *Nouvelle Vie de Jésus*, t. I, p. xv. — (2) *Id.*, t. I, pp. 274, 275. — (3) *Id.*, t. I, p. 219. — (4) *Id.*, t. I, p. 271.

mement peu. Avant tout, nous savons ceci, que dans sa personne et dans son œuvre il n'y avait ni surnaturel, ni miracle, et cette négation est le point fondamental (1). En ce qui concerne son côté positif, nous devons avouer « qu'il est peu de grands hommes de l'histoire sur lesquels nous soyons aussi imparfaitement renseignés que sur Jésus. Combien plus nette et plus distincte nous apparaît la figure de Socrate, qui pourtant est de quatre siècles plus éloignée » (2). C'est étonnant ! Personne n'a fait une impression aussi profonde sur les hommes que Jésus ; personne n'a laissé des traces de son activité aussi durables que les siennes, et il est celui sur le compte duquel on a le moins de renseignements ! Et cependant, il n'appartient pas aux temps nébuleux de l'antiquité, mais aux temps sereins de l'histoire ! La faute en est aux évangélistes ; ils ont laissé envahir son histoire « de tant de formations mythiques, » qu'elle en est entièrement voilée et même effacée (3).

Cet obscurcissement de son histoire, c'est bien, en dernière analyse, à ses disciples qu'il faut l'attribuer. Leur incapacité pour comprendre Jésus et pour recevoir réellement en eux son esprit est incroyable ; et plus tard, lorsque Paul se fut donné le rôle de répandre les pensées du Maître, cette incapacité subsistait dans toute son étendue (4). L'on doit en vérité s'étonner que Jésus ait pu choisir des disciples aussi incapables ; ils auraient perdu son œuvre pour tou-

(1) *Nouvelle Vie de Jésus*, t. I, p. xiii. — (2) *Id.*, t. II, p. 415. — (3) *Id.*, t. II, p. 416. — (4) *Id.*, t. I, p. 398.

jours, si ce danger n'avait été conjuré par l'événement inattendu de la conversion de saint Paul. Sans doute que par suite d'une sorte de fatalité, Paul mettait sa propre imagination à la place de l'Histoire réelle de Jésus qu'il ne connaissait pas. Ce fut ainsi que s'introduisit la croyance de la divinisation de Jésus (1). Mais quel est cet aperçu de la marche de l'humanité qui considère le plus grand événement de l'histoire du monde, car c'est bien ainsi qu'il faut considérer le christianisme, comme un fait fortuit et inattendu? [...] Tout cela est complétement inadmissible. Car non seulement Jésus aurait fait preuve d'un aveuglement incroyable dans le choix de ses disciples, mais il faudrait aussi croire cette autre chose inadmissible que! si engagés que fussent les disciples dans leurs préjugés juifs, ils étaient pourtant en état de distinguer une figure de Jésus si éloignée des idées traditionnelles des docteurs israélites, chez qui l'on ne trouve rien qui ressemble à l'élévation et à la pureté morale de l'amour vraiment divin qui a été révélé. C'est là cette sainteté devant laquelle, depuis sa venue, les siècles s'inclinent, et où ils ont puisé sans interruption. C'est encore dans cet amour de Jésus que les âges futurs trouveront la paix, la sagesse et la sainteté dans toute son étendue (1). L'on doit enfin se dire: La figure que Strauss nous présente est tout autre. A la vérité, Jésus avait reçu, en venant au

(1) *Nouvelle Vie de Jésus*, t. I, pp. 400 a 402. —

monde une belle nature qu'il s'appliquait à développer, pour arriver à une vie humaine bien équilibrée. Un changement intérieur, un brisement secret, une conversion proprement dite, ne lui était pas nécessaire, comme, par exemple, à Paul, à Augustin ou à Luther (1). Mais, de sa nature, il n'était pas sans irrésolution et sans défauts; aussi ne voulait-il pas qu'on l'appelât *bon* (2). Quant à son intelligence, il était au-dessous des limites de son temps : il croyait à un Dieu personnel et à une félicité future, et il était faible en exégèse. Mais, le point sur lequel il faut le plus réfléchir, c'est qu'il rattachait à son retour personnel le grand changement futur qu'il annonçait. Cette partie importante de la narration évangélique est de l'histoire en tout ce qui est essentiel (3). Il est vrai qu'aucune apparition extraordinaire, aucun don supérieur de l'esprit et aucune qualité du cœur ne peuvent être conçus sans une forte dose d'illuminisme, et l'on peut soutenir des grands hommes dont l'histoire nous parle qu'il n'y en eut aucun qui ne fût visionnaire à un certain degré (4). Mais cet illuminisme surpasse pourtant les bornes. Car Strauss trouve que ce n'est pas seulement de l'illuminisme, mais que c'est une exaltation répréhensible, qu'un homme se laisse persuader d'être si au-dessus des autres qu'il se donne à eux comme devant un jour les juger. Cela est si digne de remarque, que Strauss lui-même, dont on ne peut

(1) *Nouvelle Vie de Jésus,* t. I, p. 273. — (2) *Id.,* t. I, p. 257. — (3) *Id.,* t. I, p. 309. — (4) *Id.,* t. I. p. 310.

pas dire qu'il soit trop retenu dans ses jugements et dans ses paroles, n'arrive ici à cette conclusion qu'avec réserve et à l'aide d'un *si* qui laisse deviner plus qu'il ne dit. C'est assez facile à concevoir. Mais que devient alors la belle nature, la noblesse native de l'âme et la sérénité de l'esprit? Vous le voyez : cela détruit évidemment le point de vue historique de la personne de Jésus. Ce que l'on sait nous dire de cette personne est tout à fait contradictoire et insuffisant. L'eschatologie de Jésus est la pierre sur laquelle vient se briser cette science.

Ce qu'on nous affirme sur sa vie n'est pas moins futile. On en a retranché le miracle et la résurrection. Quelque chose d'extraordinaire peut être arrivé par suite de la grande surexcitation des esprits qu'il a provoquée, des guérisons imaginaires, par exemple : c'est ainsi que Strauss appelle ces phénomènes. Et les miracles eux-mêmes sont inventés, puisqu'on les regarde comme l'attribut nécessaire d'un prophète. Mais si une excitation si puissante avait lieu, ne devons-nous pas supposer qu'il s'accomplissait des faits extraordinaires qui produisaient cette excitation ? Ainsi donc, les miracles n'ont pas été simplement les effets, ils ont été la cause de cette excitation ? Et si on les croyait si nécessaires à un prophète, ainsi que Strauss nous l'affirme, comment n'en a-t-on attribué aucun à Jean-Baptiste que cependant tous tenaient pour un prophète, même les adversaires de Jésus ? On ne lui en a point attribué, parce qu'il n'en a fait aucun; et cependant, il a été regardé comme un prophète. Ne suit-il pas de là que Jésus a fait ceux qu'on lui attribue ?

La vraie méthode historique consisterait-elle à construire l'histoire d'après les préjugés de la philosophie ? On doit respecter les faits et ne point les dénaturer à sa propre fantaisie.

Plus la vie de Jésus marche vers sa fin et plus devient arbitraire le procédé avec lequel Strauss traite cette histoire. Jésus se rend à Jérusalem dans l'espoir d'y terminer l'œuvre qu'il a commencée ; mais, dans le cas le plus défavorable, il devait être préparé à l'insuccès de son entreprise (1). Lorsqu'il célébrait la dernière Pâque avec ses disciples, le pressentiment de sa mort *pouvait* se présenter à lui, la fraction du pain *pouvait* placer devant ses yeux la destinée involontaire de sa vie ; plein de pressentiments, il *pouvait* aussi parler à ses disciples de sa mort, et il *pouvait* instituer cette Pâque comme une fête commémorative. Mais au fond, sur toutes ces choses, nous ne savons rien de certain ; nous savons seulement que la communauté célébrait cette Pâque et qu'elle s'était habituée à voir dans ce pain et dans ce vin le corps et le sang de Christ : D'où vient tout cela, qui le sait (2) ? Et il se comporte de même pour ce qui concerne la lutte à Gethsémané. Aussi, cette partie de la vie de Jésus est-elle finalement bien plus une réminiscence de l'Eglise, qui vint après, qu'un événement de l'histoire (3). Mais un semblable évé-

(1) *Nouvelle Vie de Jésus*, t. I, p. 366. — (2) *Id.*, t. I, p. 373. — (3) *Id.*, t. I, p. 374.

nement aurait-il pu être imaginé .s'il n'était pas arrivé ? Nous voyons ici dans son entier la vieille méthode de Strauss : Le Jésus dont les Evangiles nous racontent l'histoire est bien plus un produit de l'Eglise que l'Eglise un produit de Jésus.

Ce qui vient d'être dit se montre au plus haut degré lorsqu'il s'agit de la résurrection. Que Jésus soit mort, cela est certain. Qu'il soit resté dans les liens de la mort, aux yeux de Strauss, cela ne peut faire l'objet d'aucun doute. La résurrection est un pur produit de la dialectique ou de l'excitation de l'enthousiasme ; et la foi en la messianité de Jésus, qui avait reçu de son supplice une secousse mortelle, fut relevée par l'émotion de l'âme, par la puissance de l'imagination et par l'excitation des nerfs. « Ce qui est clair, dit Strauss, c'est que dans les jours qui suivirent la mort de Jésus, il y eut parmi ses partisans les plus affidés une disposition.générale, une surexcitation de l'âme et des nerfs qui a pu suppléer, au besoin, à ce qui pouvait manquer de facultés extatiques à chacun » (1). C'est par ces paroles que Strauss résume le résultat de ses recherches sur cette question. De la sorte, la foi chrétienne devient un produit de l'excitation des nerfs ! Ce sont là, je suis obligé de le dire, les arguments tout à fait futiles sur lesquels il base son système. Je laisse de côté toutes les questions sur les apparitions de Jésus. Il n'est pas nécessaire de s'y arrêter, car jamais on ne sera en état

_____

(1) *Nouvelle Vie de Jésus*, t. I, p. 409.

d'expliquer comment un simple rêve subjectif peut acquérir la consistance d'une apparition extérieure qui se reproduit à diverses reprises, devant plusieurs personnes, et amène des conversions publiques et dévouées. Je ferai seulement remarquer que si la foi à la résurrection de Jésus devait se produire peu à peu dans l'imagination de ses disciples, il aurait fallu plus d'un ou deux jours pour cela. Un tel revirement psychologique, s'il eût été possible, aurait exigé beaucoup de temps (1). Et Strauss soutient aussi, contrairement à toutes les affirmations apostoliques, que les apparitions eurent lieu longtemps après, et qu'elles furent plus tard rapportées au troisième jour (2). Mais si cette conviction se produisit peu à peu, plusieurs ne durent-ils pas, dans l'intervalle, se fourvoyer, quant à la foi à la messianité de Jésus, et s'en détacher ? Nécessairement il devait en être ainsi. Or, nous savons que cela n'arriva point, et que, bien au contraire, la foi de tous devint plus ferme et plus victorieuse. Comment cela aurait-il été possible sans ce fait extérieur qui, dans la nuit de l'incertitude mortelle, laissait poindre le nouveau jour de la victoire réjouissante de la foi? Ce sont là des arguments désespérés que Strauss produit, puisqu'il ne veut ni ne peut reconnaître les faits. Cela s'appelle : Secours ce que tu peux secourir !

Mais moins il laisse subsister de Jésus, et plus il devient incompréhensible sur la naissance du christia-

_____

(1) *Nouvelle Vie de Jésus*, t. I, p. 419. — (2) *Id.*, t. I, p. 317.

nisme. Une suite de facteurs spirituels et de forces intellectuelles générales devaient, d'après lui, avoir concouru à le produire, tandis que, dans tous les temps, la société chrétienne en appelait à un facteur personnel, Jésus-Christ. C'est la méthode abstraite d'une école de philosophie, d'une philosophie qui, dès le début, fait son compte *à priori* avec des idées impersonnelles et des forces purement générales de l'esprit. Mais elle se montre doublement incapable d'expliquer l'histoire évangélique de Jésus et les faits du christianisme. Celui qui veut écrire une Vie de Jésus, doit l'écrire de telle sorte que nous comprenions le christianisme d'après la personne de Jésus-Christ, et ne pas nous conduire à la méthode hégélienne de l'idée. Tout cela est passé depuis bien longtemps. Pour l'admettre, nous attachons maintenant trop de prix à la réalité et à l'histoire. C'est par suite de tous ces motifs que j'ai appelé le livre de Strauss un anachronisme ; il ne sera jamais un livre populaire.

Dans cette voie, Strauss est fort dépassé par le Français Renan, dont l'esprit plus pratique a bien compris que le christianisme n'avait pu se fonder lui-même, mais qu'il avait fallu une personnalité créatrice en rapport avec l'effet prodigieux qui a été produit. Il a conclu que Jésus a dû être un homme de grande valeur. Ce n'est qu'ainsi qu'on peut se rendre compte du christianisme. A ses yeux, Jésus dépasse de beaucoup trop ses disciples, pour être une création de leur imagination. Il suit de là que l'historicité de la partie essentielle des récits évangéliques, l'inauthenticité des discours de Jésus chez Matthieu, et des récits de Marc, même l'historicité du fond de l'évangile selon saint Jean, s'imposent nécessairement à tout esprit impartial. Et par la vue du fond même sur lequel l'histoire se modèle, elle acquiert une vraisemblance et une vitalité inattendues. Il en résulte, enfin, qu'on ne doit pas placer Jésus dans la simple abstraction de la philosophie, mais se le représenter avec les fraîches couleurs de la vie, afin que sa figure fasse une forte impression sur les âmes. C'est là, certainement, ce que voulait Renan. Son Eglise a tellement élevé l'homme Jésus sur le trône du juge, et a laissé tant d'espace entre nous et lui, espace rempli au moyen de la multitude des saints et des puissants intercesseurs de Marie, que Renan regarde comme d'autant plus nécessaire d'approcher humainement Jésus de nous. C'est surtout là ce qui explique l'effet si extraordinaire qu'a produit, dans le pays de son Eglise, le livre où il présente le divin Sauveur sous la forme d'un être purement humain.

Mais comment a-t-il réussi dans cette entreprise ?

Je ne veux pas vous arrêter longtemps sur l'histoire de la vie de Jésus par Renan. Vous la connaissez tous ou vous en avez lu des abrégés ou des critiques.

Renan voulait écrire une histoire du commencement du christianisme. Il se persuade que cette origine s'appelle Jésus-Christ, et que le premier livre qu'il veut lui consacrer doit être son histoire. Mais, en vérité, ce qu'il nous donne ici est une œuvre arbitraire, une pure rêverie.

Renan nous assure que l'historien ne peut remplir sa tâche sans divination et sans conjectures. Et, en effet, la reproduction vivante de ce qui a eu lieu, ne peut pas se passer de ces moyens. Mais Renan met à leur place l'invention et la fantaisie. Il écrit une histoire avec de pures hypothèses et la continue par des conjectures. Dans le langage dont il se sert, aucune expression ne revient aussi souvent que celles-ci : peut-être, probablement, il semble, etc. Ces mots sont répétés à chaque page. C'est avec cette liberté qu'il traite les récits évangéliques. Il tient les évangiles pour authentiques dans leur ensemble, et même dans celui de saint Jean, il trouve un germe qu'il croit historique. Il se permet seulement une douce sollicitation des textes. Mais sa douce sollicitation se comporte avec les textes évangéliques comme si l'on mêlait des cartes à jouer. Aussi met-il au jour une Vie de Jésus dont, jusqu'à maintenant, personne n'avait encore eu l'idée, et tout le monde est stupéfait de voir Jésus devenir le héros d'un roman auquel rien ne manque de tout ce qui peut flatter le goût des lectrices parisiennes.

D'après notre auteur, la vie publique de Jésus se divise en trois périodes. La première comprend le temps où il avait trouvé le Père céleste sous le ciel bleu de la Galilée, dans le paysage de Nazareth, et sur le sommet de cette montagne où se déroulait la petite ville de ce nom. C'est là qu'il débute par sa prédication affectueuse du Père qui est aux cieux et de l'amour fraternel et général des hommes. C'était là le plus beau temps. Alors Dieu habitait réellement sur la terre. La seconde période date de l'époque où il faisait la connaissance de Jean-Baptiste et subissait, dans son esprit doux, l'effet du zèle rigoriste de ce dernier. Il apparaît alors avec les bons commandements du royaume de Dieu, adopte la foi messianique de son peuple, et commence peu à peu d'avoir une idée plus élevée de sa propre personne. Mais sa manière avait encore quelque chose de doux et d'amical. C'était le temps de l'idylle galiléenne. Les habitants enfantins de la Galilée se réunissaient autour de lui, et les disciples en faisaient de même ; mais le rôle important était surtout joué par les femmes et par les enfants. Ces derniers lui avaient préparé plusieurs fêtes triomphales avec des branches vertes de palmier. La nouvelle religion est, sous beaucoup de rapports, l'œuvre des femmes et des enfants. Les choses prirent un tout autre aspect lorsqu'il transporta son activité dans la Judée et à Jérusalem. Dans cette troisième période, il devient de plus en plus un rude révolutionnaire qui veut fonder son royaume sur les débris du temps présent et prend les anges de Dieu à son service, pour exercer le jugement sur le monde. Son fanatisme sombre le porte à se donner comme le fils de Dieu au sens surnaturel ; il fait de la foi en lui la loi fondamentale de son royaume. Mais sa mort a

réparé cette erreur de son esprit, et, dans le cœur
de ses adhérents, sa résurrection et sa glorification
le délivrèrent de toutes les misères de la vie ter-
restre. Il vit encore dans l'amour des siens : l'amour,
par l'enthousiasme, l'a élevé à la hauteur de la Divinité.

Telle est la marche de la vie de Jésus d'après
Renan. Il serait superflu de montrer que tout cela
est pure imagination. D'où Renan a-t-il tiré ce conte?
Il nous livre lui-même son secret lorsqu'il nous dit
que la vie de Mahomet lui a fourni son thème (1). Ce
n'est pas un grand abus d'hypothèse, pense-t-il, que
d'appliquer à la vie de Jésus, par extension, ce qu'on
a clairement distingué dans le Koran! Je me tais sur
la protestation que le sentiment chrétien fait entendre à ce sujet; mais je demande quel jugement doit
encourir un écrivain qui veut être rigoureusement
historique et qui tombe dans un semblable arbitraire.
Renan ne veut pas être philosophe afin d'être historien; mais au lieu d'être historien, il devient poëte
et, qui plus est, poëte de la pire espèce. La sentimen-
talité de la période créatrice de l'Arcadie, dont nous
avons depuis longtemps rejeté la fausseté, respire
dans ses pages. Renan se plaît à nommer la vie et
l'activité de Jésus une charmante idylle. Pour lui,
toute l'histoire du christianisme naissant est une pré-
cieuse pastorale. Nous n'y trouvons que des hommes
joyeux, exempts de misères, simples comme des en-

____

(1) *Vie de Jésus*, par E. Renan. Introduction, p. xvii. — Les citations
sont faites d'après la 1re édition.

fants, qui passent sur la terre une vie d'innocence céleste ; les Galiléens et les disciples sont d'aimables et simples enfants. Tout marche comme s'il n'y avait point de péché sur la terre. Mais ce sont surtout les femmes qui jouent un rôle important dans la vie de Jésus. On voit clairement que l'auteur emprunte ses couleurs à la société dans laquelle il vit, et que c'est pour elle qu'il arrange ses récits. Cela entretient, dans tout le tableau, un double sens auquel il faut faire attention. Ce n'est pas autant la doctrine que la personne de ce jeune Galiléen « d'une beauté ravissante et si profondément aimable » qui enchaîne les femmes. Au reste Jésus pouvait d'autant mieux vivre en relations suivies avec toutes, qu'il n'appartenait exclusivement à aucune. Sa parole, son regard les pénétrait jusqu'au fond de l'âme. Aussi les femmes d'une moralité douteuse ne manquaient pas, et elles recevaient de lui de fortes impressions. Ces « belles créatures » qui ont souvent aimé le plaisir du monde, redoublent maintenant d'émulation pour témoigner à Jésus leur amour reconnaissant. A la vérité Renan veut bien, lui-même, repousser toute pensée impure ; mais, il regarde comme possible que, dans ses heures lugubres de Gethsémané, il ait pensé non-seulement aux clairs ruisseaux de sa patrie, mais aussi aux jeunes filles de la Galilée, qui auraient peut-être consenti à l'aimer (1).

Toute cette page de l'histoire de Renan est une

____

(1) *Vie de Jésus*, p. 378.

indignité dont nous nous détournons avec dégoût. Aussi tels qui se disent ses amis et se tiennent près de sa tendance se sont révoltés là-dessus : « Je vous supplie (1), écrit Coquerel, d'effacer de votre livre une phrase d'un goût tout à fait inacceptable sur les *belles créatures* qui se convertissaient à Jésus. Belles... Eh! qu'en savez-vous? L'Evangile, dans son austère préoccupation, n'a dit nulle part si Madeleine et ses compagnes étaient belles ou ne l'étaient pas! Ce n'est pas de leur beauté qu'il s'agit, mais de leur foi. Elles ont accompagné fidèlement leur Maître jusque sur le Calvaire, voilà leur gloire! Laissez le peintre et le sculpteur les revêtir d'une beauté idéale, qui est une des conditions de l'art; mais vous, historien, au nom du goût et des plus hautes, des plus délicates convenances, parlez d'elles avec une plus digne austérité. » Dans son édition populaire, Renan a effacé plusieurs des choses qu'il avait écrites à ce sujet.

Nous nous tournons vers une autre page qui met en doute la moralité même de Jésus. Il nous le montre comme un homme qui n'est pas très scrupuleux dans le choix des moyens dont il se sert (2).

Renan a si bien le sens historique qu'il reconnaît ceci, à savoir, que les miracles sont un fond trop essentiel des récits évangéliques pour qu'on puisse les considérer comme des poésies des temps posté-

____

(1) Troisième lettre à Renan, dans le journal *le Lien*, année 1863, page 266.

(2) *Vie de Jésus*, p. 169.

rieurs. Mais quelle conséquence tire-t-il de cela ?
Que les miracles étaient donc des faits ? Il en est
empêché par la manière dont il considère le monde,
il ne reconnaît point de Dieu personnel. Alors même
qu'il parle tant d'un Père céleste, d'un monde surnaturel et qu'il dédie son livre « à l'âme pure » de sa
sœur morte, il est panthéiste. Son monde n'a point
de place pour le miracle. De cette manière les miracles de l'histoire évangélique deviennent de la tromperie et même de la tromperie préméditée. Comme le
Messie ne pouvait être sans miracles, ses partisans lui
en ont imposé et il s'est laissé faire. Mais le point
culminant de ce système de tromperie se trouve dans
la bouffonnerie de la résurrection de Lazare. On l'avait
placé vivant dans le sépulcre, afin qu'il en sortît à
l'appel de Jésus. On destinait ce spectacle émouvant
à relever le crédit ébranlé du Maître. Et Jésus se
prête à cette comédie immorale ! Nous n'avons encore, pour un tel outrage fait à la personne de notre
Maître, qu'une parole d'aversion. Laissons répondre
Coquerel, l'ami de Renan : « Votre Christ est-il possible, en effet, et les énormes contrastes de sainteté
et de souillure morale que vous voyez en lui sont-ils
acceptables ? Oh ! sans doute, l'histoire, l'observation
d'autrui et de nous-mêmes, ne nous prouvent que trop
combien d'éléments mesquins et coupables peuvent
coexister dans un même cœur avec les aspirations les
plus pures, les plus hautes. Il est certain que le même
homme peut tour à tour s'élever beaucoup et tomber
très bas. Je veux bien que Mahomet ait été à la fois

un imposteur et, à quelques égards, un vrai réformateur religieux ; qu'il se soit montré très méprisable en certaines choses, quoiqu'il pût être, à d'autres égards, un homme de génie. L'histoire est pleine de ces contrastes.

« Mais ce qu'on n'a jamais vu, c'est un être à la fois aussi grand, aussi fort et aussi saint que votre propre personnage de Jésus, se laisser entraîner par ses disciples à de misérables jongleries. Vous semblez en certains moments le rapetisser sans motifs et à plaisir. Quel est ce maître, fou et crédule, dont ses disciples et quelques femmes font leur jouet, qui ment et trompe à leur instigation, que le *besoin de se donner du crédit* entraîne à de honteuses supercheries et auquel on se permet de prêter de petites ruses sans dignité ? (1) Je vois dans l'Evangile Jésus dominer toujours, et de très haut, ceux qui l'entourent, je vois qu'il juge, approuve ou blâme avec une autorité morale, souverainement indépendante ; qu'il répond avec une entière fermeté à quiconque prétend le conseiller ou le diriger, Marie à Cana, Jean et Jacques dans le bourg de Samarie, Pierre quand il se scandalise à l'annonce de la mort de son Maître. Tellement supérieur, qu'il est sans cesse mal compris, où voyez-vous qu'il se laisse attribuer des titres auxquels il n'a pas droit, qu'un mendiant aveugle lui fasse le plus grand plaisir en le saluant fils de David, qu'il se laisse aller à feindre des miracles et à jouer, à moitié

_____

(1) *Vie de Jésus,* p. 162 et sq.

malgré lui, le principal rôle dans une comédie indigne, la fausse résurrection de Lazare?... Ce n'est plus la religion seulement, c'est la morale éternelle qui est révoquée en doute, et ce n'est pas chez Jésus, c'est chez le lecteur que la notion primordiale de la loyauté reçoit quelque atteinte. »

Cette mauvaise manière de traiter le caractère moral de Jésus, se produit encore dans les endroits où Renan essaye d'expliquer sa parole. Le moindre tort qu'il se donne à son égard c'est d'en faire un démocrate aimable et un communiste. D'après son opinion, il est surtout tombé dans une telle erreur par ignorance du monde réel. Mais voici qui est plus sérieux, Renan le laisse égarer de plus en plus dans des sentiments passionnés qui le poussent aux plus grosses invectives; il combat ses adversaires par des malices et des provocations qui vont toujours au cœur, et laissent percer sa haine contre ses ennemis. Oui, cette perfection d'une méchante ironie enchante si fort Renan, qu'il s'écrie : « Il n'y a qu'un Dieu qui puisse tuer ainsi; Socrate et Molière ne font qu'égratigner la peau. » Quelle règle morale doit donc avoir cet historien? Mais ce qu'il a de plus mauvais, c'est la façon dont il traite le témoignage que Jésus se rend à lui-même. La manière dont Jésus parle de sa personne est, pour notre auteur, l'extravagance la plus notoire et la plus fanatique. Jésus joue le rôle d'un être surhumain. C'est là le Jésus de Renan! Il veut le faire monter au suprême degré de la grandeur humaine, et il le fait descendre à la société des menteurs, des imposteurs et des insensés.

A quoi tient l'erreur de Renan? Il lui manque la conscience morale. Il ne reconnaît point de Dieu saint, et par suite, point de perfection morale. L'idéal et le monde sont pour lui des contraires qui ne peuvent être conciliés. L'idéal est une conception digne de vivre, un beau rêve ; mais pour exister et agir, il faut autre chose. Qui veut agir doit renoncer à l'idéal : on ne sort jamais pur du combat de la vie. Il faut chercher l'idéal de l'autre côté des nuages. L'idéal est une utopie. Jésus était un idéaliste accompli, c'est l'homme qui a le plus cru à la réalisation de l'idéal. C'est en cela que consiste l'élévation spirituelle de Jésus. L'humanité a besoin de ces douces illusions de l'idéal. C'est la poésie de cette vie de travail, le sentiment restaurateur sous le fardeau de l'existence ; mais ce n'est pas autre chose que poésie, rêve et sentiment. Tel est l'Evangile, la religion. Qui veut agir doit, aussi longtemps qu'il agit, renoncer à l'Evangile et à la religion. Comprendre le bien ne suffit pas, il faut le produire parmi les hommes. Pour cet effet, des chemins moins purs sont nécessaires. Aussi Jésus dut-il recourir à des moyens plus rudes, et, pour faire réussir son œuvre, entrer dans les imperfections de la vie réelle. Si Jésus n'avait pas fait cela, sa vie ne nous présenterait rien qui pût nous offenser. Plus grand aux yeux de Dieu, il serait resté inconnu aux hommes. Il serait passé dans la multitude des grandes âmes ignorées, le meilleur de tous : la vérité n'aurait pas été proclamée, etc. Tous ces moyens de tromperie, de fraude, de fanatisme, de passion étaient inévitables. Mais tout cet apparat historique a été enterré avec lui. Ce qui demeure éternellement, c'est l'idéal auquel il a fondé une demeure sur la terre; depuis lors, cet idéal est devenu le consolateur de tous les opprimés et de tous les affligés.

Vous le voyez, la sagesse de Renan est la sagesse d'un homme du monde. Il lui manque le sens moral, le besoin, le langage de la conscience, et par conséquent aussi, le besoin d'un médiateur, d'un sauveur et l'idée du salut. Comment pourrait-il comprendre Jésus-Christ, celui qui n'a aucun sens pour ces choses? Il est dépourvu de toute sympathie pour ce qui fait la spécialité de Jésus, savoir la révélation de la grâce qui pardonne les péchés. Aussi ne reste-t-il absolument rien de son livre qu'une idylle sentimentale et fort peu morale.

Mais que veut donc Renan avec un pareil livre? Veut-il rendre un service à la religion, telle qu'il l'entend? Certainement non. Veut-il jouer un tour aux prêtres ? Peut-être. Son point de vue particulier est en dehors de la religion. C'est l'esprit d'opposition, de révolution sociale et démocratique qui déborde de tout son livre. Il veut servir cet esprit par ce grand exemple d'ébranlement démocratique et révolutionnaire, révolutionnaire dans la plus haute acception. Car, selon lui, l'opposition représente toujours la gloire d'un pays. Cette révolution, il veut la faire contenue et inoffensive, dans le domaine de l'idéal, c'est-à-dire du sentiment, au moyen de l'union, pour la vie pratique; mais elle réclame les nécessités de l'action coërcitive.

De cette manière, les ouvriers peuvent se réjouir de son livre et Napoléon n'a pas lieu d'en être mécontent.

Cette tendance se dessine encore plus clairement dans le remaniement que Renan a fait de son livre pour le peuple. Il a effacé plusieurs choses dont le sentiment moral était choqué. Comme il le dit lui-même, « il a sculpté pour le public un Christ en marbre blanc. » Je ne sais combien d'autres il en tient encore en réserve; mais ce qu'il a fait là est la plus mauvaise adulation du peuple que l'on puisse concevoir. Tout ce qui vient du peuple, son courage, sa gaieté, son désir de s'instruire, son énergie, son aptitude pour les œuvres d'art et de poésie, etc., tout cela est de la religion. Qui pourra dire : Le peuple n'est pas religieux? « Humbles serviteurs et servantes de Dieu, dit-il à ses lecteurs du peuple, vous qui portez le poids du jour et de la chaleur; ouvriers qui travaillez de vos bras à bâtir le temple que nous élevons à l'esprit; prêtres vraiment saints qui gémissez en silence de la domination d'orgueilleux sadducéens; pauvres femmes qui souffrez d'un état social où la part du bien est encore faible; ouvrières pieuses et résignées au fond de la froide cellule où le Seigneur est avec vous, venez à la fête qu'un jour Dieu, en son sourire, prépara pour les simples de cœur. Vous êtes les vrais disciples de Jésus » (1).

A qui peut-il encore venir à l'esprit qu'il s'agisse réellement ici d'un intérêt historique ou véritablement religieux? C'est un pamphlet politico-social dans lequel la vie de Jésus est travestie, c'est l'esprit d'opposition démocratico-sociale au service de laquelle on prostitue la plus grande sainteté du christianisme. C'est là la profonde immoralité de cet écrit. Qu'y a-t-il d'étonnant à ce que son auteur trouve en ce Jésus sa propre image morale?

Il est vraiment consolant de voir que les représentants du protestantisme libéral en France, un Schérer, un Coquerel, un Colani, quelque unis qu'ils soient avec Renan contre le dogme ecclésiastique, quelque admiration qu'ils éprouvent pour son travail et son mérite, élèvent pourtant les plus fortes protestations, non-seulement contre son charlatanisme scientifique, mais surtout contre la manière indigne dont il traite le caractère moral de Jésus. Il me paraît important de faire remarquer combien le sérieux profondément moral du protestantisme, même de celui qui se pose en adversaire du dogme, l'emporte encore sur l'élève du séminaire romain.

J'ai plusieurs fois prononcé le nom de Coquerel. Vous le savez, c'est sur lui que, dans les derniers temps, les tendances libérale et orthodoxe de la

___

(1) *Jésus*, par E. Renan. Avertissement, p. x.

France réformée se sont séparées. Il a très peu à faire avec le dogme orthodoxe. Mais cela ne l'empêche pas d'exprimer la réprobation la plus tranchée sur le caractère scientifique, mais surtout sur le caractère moral de l'écrit prétendu historique de son ami Renan. J'ai eu plusieurs fois occasion de produire des citations de Coquerel. Sa conclusion est qu'il manque à Renan le Dieu personnel et saint, qu'il lui manque l'idée du libérateur, du sauveur, qu'il lui manque ce qu'il y a de meilleur. « Ce qui pour moi manque surtout à votre livre (c'est ainsi qu'il conclut sa dernière lettre à Renan), c'est l'idée de médiation, et mieux encore le salut... Ce que je n'y trouve pas, c'est le secours, le relèvement, le pardon que demandent à grands cris la conscience *travaillée et chargée*, le cœur angoissé et froissé, l'esprit inquiet et hésitant, cette miséricordieuse révélation de Dieu, cette grande et nécessaire délivrance, cette suprême révolution morale, ce germe impérissable de vie nouvelle qui s'offre à moi en Jésus-Christ sauveur de l'humanité. A force de devenir humain, votre Christ ne l'est plus assez. »

Edmond Schérer est un élève de cette théologie individualiste que Vinet propagea, en Suisse, avec tant d'esprit. Cette théologie soumettait tout à la règle de la subjectivité, les autorités objectives de l'Eglise et même celles de la religion. Cet auteur, qui s'est engagé dans le plus rapide courant du libéralisme religieux, et a fait du chemin dans le domaine de la politique, a publié une suite de courtes dissertations sur Renan. Ce n'est qu'au dix-neuvième siècle et en France que pareille chose était possible. Dans tout autre pays, l'empire de la tradition aurait été encore trop fort. A toute autre époque, l'esprit humain ne l'aurait pas permis et l'on n'aurait trouvé ni la connaissance ni l'impartialité nécessaires. Il fallait traduire le sémitique en japhétique. Renan l'a fait. Schérer gourmande les hommes de la tradition de leur colère et de leur hypocrisie. Il est toutefois intéressant de voir ce qu'il reproche à Renan et ce qu'il concède à l'Evangile.

Il reproche à Renan le rôle immoral qu'il attribue à Jésus. La sincérité parfaite, l'accord complet de l'homme avec lui-même, de sa parole avec son but, est une vertu héroïque très rare dans tous les temps, passablement étrangère encore aujourd'hui au catholicisme et aux races latines. Quelquefois, à la vérité, on peut trouver réunis dans le même caractère, chez Mahomet et Cromwell, par exemple, les contrastes les plus frappants, le fanatisme et la fausseté, la droiture et l'hypocrisie. Mais chez Jésus, il en est autrement. Son caractère, considéré avec impartialité, s'oppose à toute supposition de ce genre. Il y a dans la simplicité de Jésus, au moins dans tout ce que nous pouvons connaître de sa personne, quelque chose qui repousse absolument la comparaison historique par laquelle Renan s'est laissé égarer. La notion de la sainteté manque à Renan, c'est le caractère moral de l'Evangile qu'il méconnaît. Au lieu de cela, c'est une pure catégorie esthétique qu'il a appliquée à la *Vie de Jésus*. Bref, l'éloge que Schérer fait du livre de Renan est une condamnation morale de son auteur.

En ce qui concerne les récits évangéliques, il y a trois choses distinctes qu'il ne peut essayer d'anéantir tout à fait, ou qu'il s'efforcerait vainement de mettre de côté. La première, c'est qu'il est impossible de contester que Jésus ait opéré des guérisons miraculeuses, alors même qu'il n'y aurait aucun miracle de la nature : car Jésus a dit lui-même que c'était là une partie essentielle de sa mission. En second lieu, Schérer n'admet pas moins que Jésus a enseigné qu'il reviendrait sur les nuées du ciel, puisque à ses yeux c'est là l'espérance qui, au milieu de l'ébranlement causé par son départ, avait conservé la foi que l'on avait en lui. Si cela est historique, quel jugement devons-nous porter sur Jésus? Schérer se tire d'affaire en affirmant que cet élément messianique et eschatologique n'est pas l'essence mais seulement la forme accidentelle de la doctrine de Jésus. Cela s'appelle tourner la question sans la résoudre. Il s'agit non pas de l'essence du christianisme, mais de la personne de Jésus-Christ. L'annonce de son retour pour juger définitivement, voilà ce qu'il y a de décisif dans cette question. La troisième des choses dont nous avons parlé est la résurrection. Schérer reconnaît le grand changement qui, en peu de jours, s'est opéré chez les disciples, et qui ne peut s'expliquer que par leur foi à la résurrection de Jésus. Mais comment s'expliquer cette foi elle-même? Il paraît que le tombeau dans lequel on a mis le cadavre de Jésus a été trouvé vide. Ce tombeau vide fut comme un trait de lumière. La supposition devint une certitude, le pressentiment d'un seul la conviction de tous. Il est clair que ce sont de pures échappatoires, et il n'est pas nécessaire de combattre de pareilles assertions, chacun le comprend de reste.

Nous voyons quels sont les points vers lesquels nous sommes ramenés par un véritable travail historique. Ils s'offrent à nous d'eux-mêmes, afin que nous nous en servions de fondements pour d'autres recherches.

Colani, dont la nomination récente comme professeur de théologie à Strasbourg a produit une si vive émotion dans la tendance orthodoxe, nous conduit à de semblables résultats. Dans son *Examen de la Vie de Jésus de M. Renan*, 2ᵉ édition, 1864, il proteste d'abord contre « l'arbitraire incroyable » avec lequel Renan traite les évangiles (1); il proteste non pas au nom d'un préjugé religieux, mais au nom de la science, au nom de la critique, au nom de l'histoire (2). A cette protestation de la science, il joint encore celle de la conscience morale. Le Jésus de l'orthodoxie est un être double, et le Jésus de Renan aussi. Renan l'élève au sommet de l'humanité, mais il lui fait partager les rêveries de son peuple et

(1) Page 47 et sq. — (2) Page 62.

l'abaisse jusqu'au rang d'un sophiste immoral. « Aucun historien formé à l'école critique moderne n'a autant rapetissé Jésus de Nazareth » (1). Et sur quoi s'appuie-t-il pour cela ? « De ce qu'entre l'historien et son héros il n'y a pas de communion spirituelle... C'est en vain que pendant la période de Galilée M. Renan essaye de transformer le Nazaréen, en lui prêtant toutes les grâces de sa poétique, il ne parvient pas à aimer celui dont il se fait le biographe. » Il y a en Jésus un trait essentiel qui lui déplaît. Ce trait est la foi de Jésus à l'idéal (2). En d'autres termes, il manque à Renan les aptitudes morales pour comprendre l'élévation de Jésus.

C'est sur ce côté de la perfection morale de Jésus que Colani appuie tout son système. En ce point se concentre toute la grandeur et l'importance de Jésus. Mais comment cela s'accorde-t-il donc avec les paroles de Jésus dans lesquelles Renan voit un sombre fanatisme, et surtout avec l'annonce de son retour pour le jugement ? Colani sent bien que ces prophéties de Jésus, telles que les évangiles les rapportent, sont d'une importance décisive pour l'appréciation de Jésus. Aussi cherche-t-il à montrer, dans un écrit subséquent (*Jésus-Christ et les croyances messianiques de son temps*, 2ᵉ édition, 1864) que cette eschatologie telle qu'elle est exposée dans ses paroles et dans ses discours, est postérieure à la mort de Jésus. Ce ne fut qu'assez longtemps après que, pour la première

(1) Page 136. — (2) Page 139.

fois, l'on mit ces discours dans la bouche de Jésus. C'est ainsi qu'il veut échapper à ce dilemme : ou ces paroles doivent être regardées comme vraies, et alors Jésus est plus qu'un homme, ou bien il faut le regarder comme un fanatique qui n'a point eu son pareil. Mais d'où sont donc venues ces convictions si ce n'est des paroles mêmes de Jésus? Là-dessus Renan a un sentiment historique plus juste lorsqu'il se dit que ces idées qui ont si bien constitué la croyance de la chrétienté apostolique et ont si puissamment régné à cette époque, remontent nécessairement à Jésus lui-même. Et cela était d'autant plus vrai, comme Colani se donne la peine de le montrer, que ces traits eschatologiques appartenaient moins aux idées que l'on se faisait du Messie avant sa venue.

Qu'est-ce qui empêche Colani de reconnaître ces choses, qu'est-ce qui l'empêche, lui et les autres, de tirer des prémisses qu'ils posent les conséquences qu'elles contiennent? C'est ce qu'ils appellent « la conception humaine de Jésus. » Certainement Jésus était un homme, mais plus qu'un homme. On lui enlève la métaphysique pour ne lui laisser que la morale. Mais est-il possible de conserver réellement celle-ci sans celle-là? Le fait montre que l'idée de la plus haute perfection morale de Jésus ne se conserve pas chez ceux qui ne le comprennent que d'une manière purement humaine. Colani conclut ce second écrit par ces paroles : « Il nous faut un Christ vivant, réel, humain... Nos contemporains veulent pour sauveur un héros qui n'ait pas vaincu sans combattre. Ils ne croiront en lui que lorsqu'ils auront mis, comme Thomas, le doigt dans la marque des clous et la main dans la plaie de son cœur, je veux dire, lorsqu'ils auront senti les cicatrices qu'ont laissées sur l'âme du Fils de l'homme les luttes journalières de la vie spirituelle. » Est-ce là l'impression que nous recevons de la figure de Jésus, qu'il est sorti de la lutte avec des blessures? A coup sûr, non. La perfection morale n'est pas le résultat de son combat acharné avec sa propre nature, elle existait avant, elle se trouvait dans son être originel. Bref, il est impossible de séparer le moral du métaphysique.

Mais si éloigné que nous soyons de la manière de voir de ces protestants français, nous devons reconnaître qu'ils s'occupent de la question pour elle-même.

Je ne puis pas rendre le même témoignagne au théologien allemand qui, comme Renan, a eu hâte d'acquérir la faveur du public par une *Caractéristique de Jésus*. Je pense à Schenkel.

Le livre de Schenkel, il faut bien que je le dise, a produit un douloureux effet. On s'était habitué à bien des choses de sa part, mais l'on ne devait pas s'attendre à un tel reniement de son passé. Combien y a-t-il de temps qu'il faisait éloigner de Heidelberg Kuno Fischers, parce qu'il voyait, dans le panthéisme de ce philosophe, un danger pour l'Eglise et pour l'Etat? Nous nous souvenons très bien que c'était lui qui, en 1852, rédigeait le rapport de la Faculté de

Heidelberg, sur la division occasionnée à Brême par le pasteur Duelon. Dans ce rapport il niait le christianisme de ce dernier pour le motif qu'il combattait la doctrine du péché originel, de la justification par la foi, de la personnalité vivante de Dieu, de la divinité éternelle du Christ, du royaume de Dieu, de la crédibilité de l'Ecriture sainte. Dans ses sermons sur l'évangile de Jean, de 1853 et 1854, on trouve des témoignages très significatifs de la divinité du Christ, de sa mort expiatoire, de sa puissance miraculeuse, de sa résurrection, de son ascension et de son retour. Mais depuis lors, il descend toujours plus bas. Sa dogmatique indiquait bien une chute profonde. Mais à quel abîme il est rapidement arrivé dans sa *Caractéristique de Jésus!* Comment cela est-il advenu? Je l'ignore; à coup sûr, ce n'est pas par suite des motifs empruntés à la science, cela est bien certain. Son livre ne puise pas sa force dans sa valeur scientifique, mais, pour le dire en un mot, dans sa tendance agitatrice.

A la vérité, il s'est approprié l'hypothèse la plus nouvelle de l'originalité de Marc et de la non-historicité de l'évangile selon saint Jean, mais il n'a été conduit à agir comme il l'a fait que par la facilité que cela lui donnait de se débarrasser de la partie essentielle et gênante de la vie de Jésus. Dans tout le reste, son livre trahit la plus grande faiblesse scientifique, il traite les évangiles avec un arbitraire incroyable. Qui dirait, par exemple, que dans le discours de la montagne dont il ne peut méconnaître qu'il est historique en tout ce qu'il a de fondamental, quoiqu'il ne se trouve pas dans Marc, il cherche à se tirer d'affaire par cet expédient qu'il a sans doute disparu du second évangile par suite d'une perte (1) ; ou si dans ce discours il trouve la parole de Jésus : Le ciel et la terre passeront plutôt qu'un iota de la loi (2), sans plus de façon il en fait une parole des pharisiens que Jésus a citée pour la combattre (385). Ou encore, il prend du quatrième évangile, prétendu inhistorique, l'entretien de Jésus avec la Samaritaine, qu'il reçoit alors comme une histoire véritable, pour glorifier la douceur avec laquelle Jésus traite les mauvaises inclinations de cette femme. Et il place cet événement dans le dernier voyage que Jésus fait à travers la Samarie en se rendant dans la Galilée ! (174.) Tout cela est pur arbitraire.

Ce ne sont pas non plus les nouveaux résultats scientifiques qu'il produit qui servent de justification à son livre. Nous devons le considérer avant tout comme une nécessité du développement moderne. L'auteur s'efforce d'assigner à son livre une place dans l'enchaînement de l'histoire de l'esprit religieux. Mais sa manière de traiter l'histoire est quelque chose de semblable à un crible aux mailles très espacées. La doctrine ecclésiastique de la personne du Christ répugne à la raison pure (1). Le système oppressif du

---

(1) *Charakterbild Jesu*, S. 97, 103. — Toutes les citations de Schenkel sont faites d'après le texte allemand, et, à cause de leur multiplicité, l'on indiquera les pages entre parenthèses.

(2) Matth. V, 17.

moyen âge pouvait seul éterniser cette erreur (5). A la vérité le protestantisme proclame le principe de la libre recherche, mais les réformateurs n'ont pas osé (!) soumettre la doctrine traditionnelle de la personne du Christ à un examen approfondi (6). C'était encore un procédé de l'Eglise catholique-romaine de recevoir cette doctrine dans le symbole sans plus de difficultés. Le protestantisme, par crainte des conséquences de son principe fondamental, n'en fit aucune application à cette doctrine (7). Aussi la doctrine orthodoxe est-elle romaine et purement négative du protestantisme et sa conservation est un effet de la mollesse ou de la fatigue d'un littéralisme suranné (8). Le rationalisme s'est acquis des droits durables à notre reconnaissance, en s'efforçant de comprendre humainement la personne du Christ. Cependant il l'a trop dépouillée de sa divinité (9). Le Christ de Schleiermacher est un produit des besoins de son cœur, mais n'est pas historique (10). Au contraire, la solution que Strauss donne de la figure évangélique du Christ nous le représente actuellement tel qu'il a vecu en réalité, mais dans le sens de notre époque. Le caractère de notre temps est de briser les appuis surnaturels de la religion. « La frayeur du surnaturel tel que l'Eglise du moyen âge l'avait introduit et propagé, l'espérance de récompenses futures ou la crainte de châtiments dans une autre vie, ces appuis ordinaires du christianisme ont rendu tous les services qu'ils pouvaient rendre et sont tombés en pourriture. La foi au Sauveur du monde doit reposer sur d'autres fondements que sur ceux de la superstition, de la prêtrise, ou de rêveries affublées d'images gracieuses ou effrayantes » (11). Vous le voyez, ce ne sont pas précisément les considérations supérieures de l'histoire qui se produisent ici. Ce langage est celui d'une presse ordinaire bien connue, qui cherche par la terreur du moyen âge et du cléricalisme à exciter notre peuple contre la doctrine de l'Eglise et contre ses défenseurs.

Quelle est donc cette vie de Jésus au moyen de laquelle Schenkel veut aller à la rencontre des besoins religieux et moraux des peuples, et concilier la foi avec les découvertes historiques de notre époque(12)?

Jésus est un enfant du peuple ; dès sa première jeunesse il a partagé les misères et les joies du peuple, il ne connaissait ni les dissipations ni les jouissances de la classe élevée, mais les besoins et les souffrances de la classe inférieure et moyenne ; dès sa première jeunesse, il les a eus devant les yeux et dans le cœur. Il pouvait d'autant mieux compatir à cette détresse(36). Il sentit aussi de bonne heure que son activité appartenait au peuple(45). Il fit auprès de Jean-Baptiste ses études sur l'état religieux et moral du peuple. Aussi se tournait-il de préférence vers le peuple, vers les péagers et les pêcheurs, vers cette partie méprisée de la nation. Chez les pauvres et chez les petits sommeillait une abondance encore inexplorée de force religieuse et morale. Les classes privilégiées s'étaient survécu à elles-mêmes. Les hommes du peuple étaient les hommes de l'avenir chrétien (82). C'est dans ce cercle que Jésus-Christ prit ses apôtres. Comme il était lui-même sorti du peuple, les hommes faibles et délaissés étaient ceux qui lui convenaient le mieux (61). C'est à cela que répondait sa prédication; dans son discours de la montagne, il désigne la pauvreté, la faim, la tristesse, la persécution ignominieuse pour le Fils de l'homme, comme les marques d'un vrai disciple. Le premier évangile n'a exprimé ces choses que d'une façon spirituelle (98). Il avait pour ennemis mortels dans cette œuvre les hautes classes, les hommes de l'école et les magistrats. Mais l'histoire nous apprend qu'il en est toujours ainsi. Les époques de développement et de progrès, surtout dans le domaine de la religion et de la morale, sont produites d'*en bas*, elles jaillissent de la force et de l'abondance de l'esprit populaire énergique et bon. Les hautes classes au contraire, par suite de leur attachement égoïste à leurs priviléges, sont devenues incapables de créations spirituelles et de révolutions morales, et ne peuvent fonder un ordre nouveau (166). C'était la religion des pauvres et des opprimés que Jésus annonçait, une association particulière du peuple qu'il fondait (211). C'est à cela qu'il consacre et sa vie et sa mort. Il devait mourir comme une victime pour la partie opprimée et maltraitée de l'humanité, comme l'ami et le frère du pauvre, l'appui de ces malheureux et misérables que les dignitaires de l'Eglise et de l'Etat s'étaient habitués à regarder avec indifférence et avec mépris (216).

Et maintenant que voulait Jésus? La religion générale de l'humanité et de la charité élevée au-dessus

des barrières des peuples, des Eglises, des constitu-
tions, etc. (175); la religion de l'humanité (177); la
religion de la conscience (242). L'idée de liberté de
conscience et de foi constituait le point de départ de
toute l'activité et de tous les efforts de Jésus. Là se
trouvaient les éléments d'une religion dans laquelle
chacun pourrait croire selon les besoins de son
cœur (240). Avec elle vient le temps de la liberté. Le
temps du servage n'était plus, les ordonnances traditionnelles étaient tombées à l'état de lettre morte :
tout cela devait être brisé avec les formules vermou-
lues du passé (50). En vérité, les dangers d'un tel
début n'étaient pas petits (54). Il supporte la vue de la
transgression, le mépris de la désobéissance à l'égard
du pouvoir spirituel et civil (55). Car s'il faisait naître
une pareille opposition, s'il foulait aux pieds les di-
gnités humaines et les droits éternels de l'homme, s'il
proclamait la liberté de culte (88), ne devait-il pas être
considéré comme un agitateur dangereux, par le
parti hiérarchique de la haute Eglise et par la théologie scolastique et orthodoxe des Juifs? (89.) Mais il
ne pouvait pas éviter la lutte avec cette tendance; il
devait combattre contre elle à la vie et à la mort, car
le pharisaïsme est la religion de l'apparat, la morale
de la superficialité brillante, le jésuitisme et le piétisme discrédité du monde antéchrétien (128). A cette
religion pharisaïque Jésus oppose sa religion de la
charité universelle. L'amour des hommes purifié des
préjugés confessionnels, féodaux et nationaux, c'est
là, d'après le témoignage explicite de Jésus, le che-

min de la vie éternelle (177). Mais il paya de sa vie la victoire de sa doctrine. La dure lettre du commandement le tua. Au moins se condamna-t-elle pour toujours? La mort de Jésus fut la victoire de la liberté et de l'amour (218). Il avait inauguré la sentence de l'humanité à savoir, que Dieu n'applique pas aux péchés la règle de la lettre morte précédemment écrite; c'est pourquoi il fut une victime de la lettre. Mais par amour pour Dieu et ses frères il se sacrifia à l'ordonnance morte afin de l'anéantir à toujours, comme l'obstacle le plus à craindre pour la véritable religion et la vraie morale (277). C'est là le salut et la rédemption (276). Aussi est-il devenu le fondateur de la religion de la liberté et de l'amour.

Cependant cette religion l'a toujours regardé comme la base de l'édifice. Cela était-il conforme à sa volonté? Que pensait-il de lui-même?

Jésus s'est donné pour le Messie. Mais sa conscience messianique ne s'est dévoloppée que peu à peu. Lorsqu'il se montra pour la première fois en public, il n'était pas encore tout à fait au clair sur sa vocation libératrice (19, 57); bientôt après, cette connaissance se développa en lui. Avec la mauvaise interprétation de l'idée messianique en Israël, il devait lui être difficile de se déclarer le Messie; il devait s'identifier avec cette idée, mais seulement pour la purifier de ses éléments impurs. C'était là, pour une partie d'Israël au moins, l'unique moyen de donner cours à ses pensées et d'atteindre le but de sa vocation. C'était là le mot de ralliement pour ses partisans (138). Aussi a-t-il laissé faire à sa personne et à son œuvre l'application de plus de traits messianiques de l'ancienne alliance qu'il ne l'aurait voulu (137). Sa conscience personnelle ne s'exprime pas par ce moyen, mais se cherche une autre expression. La désignation qu'il a choisie est celle-ci : Fils de l'homme.

Que voulait-il exprimer par ce nom dont il aimait à se servir ? Sa modestie, son humilité cordiale, sa bonne volonté mise au service du pauvre peuple, son désintéressement exempt de jalousie pour tout ce qui paraît digne d'être honoré, comme le rang, la puissance, l'honneur, la jouissance (78). A la vérité, il est un peu difficile de comprendre comment toutes ces choses peuvent être exprimées par un seul mot : Fils de l'homme. Mais la connaissance générale qu'a Schenkel de Jésus, l'homme du petit peuple, le conduit à montrer qu'il voulait se désigner par là comme un représentant et un libérateur du peuple humble, pauvre et opprimé. Nous voyons par là « combien il était éloigné d'un orgueil indécent. »

Il résulte bien de ce qui vient d'être dit qu'il n'exigeait pas que l'on crût à sa personne, mais à la présence de l'Evangile qu'il enseignait (59). Et lorsqu'il réclame une telle foi (156), c'est seulement la direction générale du sentiment qui se montre dans l'action morale (159). Jésus ne s'est pas donné lui-même comme point central de sa religion. Comment l'aurait-il pu ? Il s'abaisse aux limites de l'existence humaine en général.

Jésus était sujet à l'erreur; il se trompa dans le choix de Judas (269). Il connaissait les mauvais penchants intérieurs de la chair et du sang (298), car il devait, dans sa prière, dire pour lui comme pour ses disciples : Pardonne-nous *nos* péchés, *nos* offenses (268). Si l'homme qui doit combattre contre la colère peut seul s'appeler *doux*, il n'y a que l'homme que l'orgueil expose à la tentation qui puisse s'appeler *humble* (120). Ce n'est que sur le chemin d'une telle lutte intérieure avec lui-même, qu'il s'est de plus en plus développé moralement. Il a refusé de se laisser appeler *bon*, parce que cet attribut ne lui appartenait pas (209). Ce ne fut que plus tard, dans la seconde moitié du premier siècle, que son estimable figure humaine fut entourée de l'éclat divin (208). On peut donc comprendre que par la suite il se soit approprié la dignité d'un fils de Dieu : il ne l'a fait que dans le sens de la dignité messianique, et non pour s'attribuer la nature ou le caractère divin (243-244). Le quatrième évangile lui-même, nous le voyons clairement, n'a aucune connaissance d'une dignité divine de Jésus (249).

A la vérité, le récit de ses miracles n'est pas un simple poëme, il a des faits pour fondement. Certainement, bientôt après que Jésus eut disparu de la terre, sa figure y fut entourée d'un torrent de légendes (21), et il ne faut pas voir en cela de la fourberie, etc., mais l'hommage irréfléchi de l'imagination d'une société de disciples profondément émus dans leur conscience et dans leur âme. Par les hyperboles de sa pieuse ardeur, cette communauté ne faisait qu'exprimer son admiration, son amour et son respect (22). Mais il faut toujours admettre un don miraculeux, alors même qu'on ne voudrait le considérer que comme un don très élevé de la nature humaine (67). Il consiste surtout dans le pouvoir de calmer les âmes maladivement agitées ; les circonstances embrouillées de cette époque avaient produit beaucoup de cas de dérangement d'esprit (68). Il pouvait donc bien survenir que sa parole, comme, par exemple, l'assurance du pardon des péchés, saisît l'âme avec tant de force, qu'une émotion semblable à un torrent électrique se communiquât aux nerfs des malades, et produisît ainsi des effets corporels (79). Mais les résultats de ce don miraculeux n'allaient pas plus loin que de telles guérisons : Quand la guérison d'un lépreux est racontée, Jésus voit bien à l'aspect de ce malade, que la cause du mal avait déjà disparu (73); il est clair qu'il ne pouvait opérer aucun miracle de la nature.

Il se conçoit de même que sa résurrection aussi n'était pas un fait historique, mais seulement une imagination de la foi de ses disciples. Le dimanche matin, au lever du soleil, les femmes se rendirent au sépulcre ; elles le trouvèrent vide, la pierre roulée et, à la place du cadavre de Jésus, elles crurent voir une apparition du ciel. Il se produisit des états d'excitation qui étaient la suite du profond ébranlement de leur âme (314). C'est là l'heure de la naissance de la foi à la résurrection. Cette foi se communiqua aux disciples, bientôt ils crurent voir des apparitions du Crucifié, et il est sûr qu'elles contribuèrent beaucoup à relever et à réunir ses disciples, terrifiés par la crucifixion de Jésus (321). Nous demanderons comment les disciples auraient pu avoir de telles apparitions, puisqu'ils avaient été si fortement abattus par la mort de Jésus et qu'ils avaient perdu toute espérance ? Comment une telle illusion des sens aussi fréquente aurait pu se reproduire à plusieurs à la fois, d'après le témoignage classique de Paul, à cinq cents personnes en même temps. Comment ces excitations nerveuses sans retour, ni défaillance, cette foi fondée sur le mensonge se serait soutenue, et même serait devenue le fondement d'une joie et d'une paix victorieuses du monde ? Sur de telles questions, Schenkel ne fait que des réponses artificieuses. Il parle de la victoire de l'esprit éternel sur la lettre du commandement juif et du plaisir païen que Jésus fêtait dans sa résurrection (322). Ses apparitions étaient autant de glorifications de sa caractéristique, encore si obscure, dans le cœur de ceux qui croyaient en lui. Par elles, il s'est manifesté à eux comme celui qui vit éternellement, celui qui fonde son royaume sur la terre par sa parole et par son esprit, etc. (324). Tout cela est un simple jeu de mots au moyen duquel il embrouille et dissimule les questions au lieu de les aborder franchement et de les résoudre.

De la même façon légère et fausse, je ne puis m'exprimer autrement, Schenkel se débarrasse de la difficulté que lui présente l'annonciation du retour de

Jésus. Jésus a présenté « son retour comme impersonnel, » mais il convenait mieux aux idées posté-
rieures de le présenter comme personnel (146). C'est
tout ce qu'il sait dire là-dessus ; il n'essaye pas d'expliquer comment la pensée d'une apparition postérieure aurait pu se présenter, si elle n'avait pas eu
une attache dans les discours du fils de Marie. Il ne
se demande pas non plus comment cette idée d'un
retour impersonnel, sur lequel on ne peut rien dire
de raisonnable, s'accorderait avec les paroles traditionnelles de Jésus.

Mais, vous le voyez vous-mêmes, le livre ne brille
point par le côté scientifique. Je puis bien m'éviter
la peine de soumettre tout cela à une critique plus
sévère. L'arbitraire de la méthode est si visible, qu'il
n'est pas nécessaire de le montrer plus clairement.
Le livre lui-même ne cherche pas sa force dans le savoir, mais dans la tendance.

Quelle est cette tandance ? cela ne peut pas faire
question. C'est l'agitation démagogique. Puisque à
chaque page, il est parlé du peuple, du pauvre peuple opprimé, de Jésus l'ami du peuple, des disciples
hommes du peuple, etc. Il est dit assez clairement
au peuple, c'est-à-dire aux classes inférieures, qu'en
lui se trouve l'avenir (82), et, avant tout l'avenir de
l'Eglise ; car c'est là le but essentiel : favoriser
l'agitation ecclésiastique du temps présent. Le livre
est un pamphlet ecclésiastico-démagogique, une at-
taque hypocrite et violente contre l'Eglise et l'orthodoxie. Ce qu'on ne dit que des pharisiens : soif de

vengeance, fanatisme, hypocrisie, tout cela est dit sous l'étiquette de l'histoire, contre les fidèles de notre temps (101). Et pour qu'on ne puisse pas se méprendre sur la tendance caractéristique du livre, à plusieurs reprises, Schenkel explique sa pensée dans la préface et dans le corps même de l'ouvrage. « Les facultés de théologie, dit-il (Préface, p. iv), sont devenues la souche d'où poussent les rejetons d'une doctrine qui donne la mort, et la jeunesse studieuse dont le cœur brûle d'amour pour la vérité et la justice, s'est placée, au moins en grande partie, sous l'ana-thème d'une tradition qui ne vaut pas mieux que celle contre laquelle le Sauveur du monde combattit jus-qu'au sang. » D'après cela, chacun saura ce qu'il faut penser si, par exemple, la plus haute dignité de l'Eglise est appelée une digue contre cette réforme, contre ce souffle de fraîches et religieuses pensées, etc. (91), si chaque manifestation et chaque forme de hiérar-chie et d'orthodoxie est désignée comme un fard mo-ral et comme un masque religieux (129); s'il est fait mention du jésuitisme et du piétisme délaissé du monde antéchrétien (128); si Schenkel écrit à ce sujet que toute cérémonie légale sans force morale et sans vie spirituelle est une peste pour l'humanité, et s'il applique au temps présent la parole de Jésus: Les Pharisiens sont une couvée de serpents, des en-fants de l'enfer, des meurtriers, des meurtriers des âmes, des prophètes de la mort ; ils ont bien accom-pli la mesure de leur père pervers ; leur destinée est finie. La malédiction de Jésus n'a pas cessé de retentir, elle frappe toujours, comme la trompette du dernier jugement, chaque Eglise basée sur la tradition et sur la domination d'un clergé privilégié » (254). Et il conclut une semblable expectoration par les paroles que voici : « Des partisans de la hiérarchie de l'espèce de Caïphe et des hommes d'Etat du caractère de Pilate, attachent encore constamment Jésus-Christ à l'arbre de la croix » (325). Mais cet esprit féroce d'agitation trouve sa plus forte expression dans un passage où Schenkel profane, pour l'amener à son but, la parole où Jésus parle du péché contre le Saint-Esprit. Son étonnante exégèse explique ce passage comme s'il désignait le péché de la persévérance et de l'endurcissement théologique et hiérarchique, le fanatisme malfaisant dans son opposition égoïste, étroite et aveugle contre le développement religieux et moral, contre le renouvellement et le progrès dans le domaine ecclésiastique. » Ce péché ne consiste pas, ainsi qu'on l'avait cru à tort, en une rechute de l'état de la conversion à l'état de l'impénitence ; il ne se trouve pas chez ceux que l'on appelle incrédules et gens du monde ; il se trouve au contraire chez les rudes et durs combattants des formules traditionnelles, chez les défenseurs et les propagateurs des croyances orthodoxes (106).

Laissez-moi conclure ici mon rapport sur le livre de Schenkel. Ce qu'il manifeste au plus haut degré, c'est sa profonde invraisemblance, c'est l'esprit faux qui le pénètre d'un bout à l'autre. Voilà le jugement final que je suis obligé de porter sur ce livre : il m'est pénible de ne pas pouvoir le juger autrement. Tout le livre est une hypocrisie. La prétendue caractéristique de Jésus n'est pas le but, mais le moyen; elle est seulement le drap dans lequel l'esprit d'agitation s'est habillé, pour adresser au peuple, sous ce costume vénérable, des discours passionnés. Ce que Dieu a donné de plus saint au monde, la vie de Jésus, a été avili au service d'une polémique sauvage de parti : on a fait de la figure de notre Seigneur et Sauveur un masque pour les démagogues de l'Eglise.

En vérité, comparés à cet agitateur allemand, les Français Coquerel, Schérer, Colani méritent des éloges et Renan lui-même est presque digne d'être aimé.

C'est un véritable rafraîchissement, après une telle polémique, d'arriver à un travail d'un sérieux moral aussi grand que celui qui respire dans les recherches de Keim (1), de Zurich, sur le développement humain de Jésus-Christ (1861) et sur la dignité historique de Jésus (1864).

A la vérité, ici encore, la divinité de Jésus est sacrifiée à sa vraie et pleine humanité, et la conception de la science, comme Keim l'entend, est en opposition avec la conception de la foi (2). Le quatrième évangile, avec ses témoignages de la préexistence

(1) Voyez la note C, à la fin de la brochure.
(2) *Gesch. Wuerde.* S. 4. — Pour Keim, comme pour Schenkel, nous citons d'après le texte allemand.

de Jésus, etc., est rejeté comme n'étant pas historique (1) (27). S'attacher à ces déclarations d'un philosophe chrétien du commencement du second siècle est, à ses yeux, un signe d'endurcissement théologique sans bornes (28), et la peine qu'il se donne pour tout comprendre au sens purement humain, le fait tomber dans les plus fausses applications de cette méthode. Il parle du grand fait de la résolution de Jésus (12) et du courage qu'il eut de se déclarer le Messie, au lieu de dire qu'il s'était trouvé tel dans le développement de sa conscience, etc., etc. Mais il y a chez Keim plus de sentiment réel pour la grandeur incomparable de Christ que nous n'en trouvons ordinairement chez les hommes de son parti; il possède aussi un sens plus réellement historique. Il ne veut connaître Jésus que comme un homme, mais cependant il est pour lui un mystère (26). A la vérité, la conscience personnelle de Jésus n'est riche d'aucun emprunt fait à son existence temporaire (27), mais il se donne — lorsqu'il se nomme Fils de Dieu, plus grand que le temple, le désiré des rois et des prophètes, le Seigneur de David, le représentant actuel de Dieu, l'héritier du trône, le juge du monde, le maître des anges, le premier dans la seigneurie messianique, — il se donne, dis-je, des noms et des titres suprêmes devant lesquels toutes les catégories humaines paraissent devoir s'effacer (29). Il se tient si près du Père

---

(1) Voyez la note D, à la fin de la brochure.

que, par la nouveauté, la perfection, l'unité de cette connaissance divine, la personne de Jésus est certainement un fait unique dans l'histoire du monde (30). La conscience morale de Jésus est aussi exempte de péché : ni à Gethsémané, ni à Golgotha, il ne prie pour la rémission de ses péchés ; il jouit de la lumière sans tache éternellement sereine de l'enfance, il pardonne les péchés au nom de Dieu, il meurt pour les pécheurs et il se prépare à siéger encore une fois au nom du Dieu de sainteté pour juger le monde (32). Sa jeunesse a dû aussi être pure, car, bien qu'il n'ait pas été épargné dans la lutte intérieure, au moins aucun grand égarement ne laissa les traces du repentir dans sa vie exempte de péché (33). A cause de cela, Jésus prit une place unique, une place que l'histoire ne peut expliquer (35). On a recours au bien naturel qui se trouve dans l'humanité, bien qui est à côté du mal et qui se développe avec lui, à l'influence morale dont il éprouva les effets, par-dessus tout aux motifs prodigieusement grands qui se trouvaient dans sa vocation ; tout cela n'explique pas complétement ce fait, au moins n'explique-t-il pas sa nécessité (36).

Avec cette manière d'accentuer l'individualité de Christ, dans laquelle Keim ne se laisse pas égarer par la sentence philosophique de Strauss, à savoir que la perfection de l'idée ne peut pas se trouver dans l'individu, il ne se rend pas bien compte des limites avouées du savoir et de la connaissance de Christ. Keim ne tire pas toutes les conséquences du rapport absolu du Fils avec le Père et ne tient pas suffisamment compte des faits. C'est ainsi qu'il soutient, par erreur, que Jésus, se confondant avec les autres hommes, appelle Dieu : Notre Père (15), tandis que Jésus, comme vous le savez, ne faisait que mettre cette appellation dans la bouche de ses disciples; ou bien encore, il ne veut pas reconnaître à la mort de Christ la valeur d'un sacrifice expiatoire, mais il la regarde comme un sacrifice qui affranchit du jugement à venir, comme le sacrifice d'une alliance supérieure à celle de Moïse (21). Il suit de là que dans cette opposition, on ne peut penser à rien de déterminé, que cela ne peut faire tout au plus qu'une impression, comme si cette vérité avait été affaiblie à dessein. Ou bien encore qu'il regarde l'attente du retour, etc., comme un élément juif passager (24). Mais si l'on se décide, ainsi que Keim le fait (1), à considérer le discours de Jésus, touchant son retour personnel, comme historique, et il affirme avec raison qu'il est impossible de le considérer autrement, car alors, il serait un simple malentendu des disciples et des premiers chrétiens, et au fond, tout serait malentendu; dans ce cas même, on ne se tirerait pas d'affaire par l'admission des limites de la connaissance de Jésus (29), il faudrait aller jusqu'à reconnaître en lui un fanatisme inouï. C'est là une supposition au sujet de laquelle Keim confesse qu'elle est inconciliable avec le caractère lucide,

(1) *Menschl. Entw. Jesu*, S. 37.

sobre et humble de Jésus (29). Cette impression est la vérité, et cette parole est la réalité : de là résultent nécessairement des conséquences plus étendues que, jusqu'à maintenant, Keim n'a pu se résoudre à déduire.

Nous pouvons faire la même observation sur le fond des faits historiques. Keim accorde l'historicité des miracles, car ils sont partout intimement mêlés avec l'histoire de Jésus (37). Il tient aussi les miracles qu'on appelle de la nature comme n'étant pas absolument impossibles (40). Il nie seulement les résurrections de morts, mais avec si peu de fondement (39) que lui-même se résoudrait difficilement à les considérer comme l'expression scientifique de sa conscience. Au fait, ce n'est là que l'excuse de sa répugnance à reconnaître ces faits. Mais il admet la résurrection de Jésus et repousse les explications modernes fondées sur des états nerveux et des visions. Il dit avec raison contre cette hypothèse arbitraire : Nous ne pouvons comprendre comment l'Eglise chrétienne, avec toute la sérénité de son esprit et toute son ardeur morale, aurait pu se former un thème d'après des visions. Celui qui nie la résurrection entreprend la tâche difficile d'expliquer comment, à son point de départ, l'Eglise s'est constituée spirituelle, et a fondé une première société fraternelle, une société d'esprits visionnaires qui a vécu non des années et des dizaines d'années des visions du Ressuscité, et s'est péniblement purifiée en passant d'un profond fanatisme à une grande sobriété (45).

Nous savons que l'Eglise ne se glorifiait nullement d'avoir des apparitions continues de Jésus, et que Paul ne trouva chez Pierre et les chrétiens de Jérusalem, de l'an 40 à l'an 60, que des souvenirs fidèles de Jésus et de sobres réflexions (46). L'existence spirituelle et morale de Jésus dans le monde est unique : ce qui s'oppose à la personne mystérieuse de Jésus-Christ, c'est l'appel désespéré aux lois de la nature qui ne peut subsister ni dans le domaine de l'esprit, ni conduire à la liberté (46).

Ces conséquences sont si irrésistibles que Krause lui-même les a reconnues dans son *Journal de l'Eglise protestante* (1864, n° 23). Mais que suit-il de là pour la personne de Jésus ? Keim appelle Jésus une personnalité qui frise le ciel (50), le point culminant du facteur divin dans l'histoire du monde (51). Il finit par cette déclaration : « Il est vrai, quelques anciennes formules sont perdues, mais, de la vérité éternelle, de l'éternelle consolation du christianisme, aucun grain n'a péri. »

C'est une autre question que celle qui consiste à savoir si toute la consolation du christianisme se conserve dans ce système, et si elle ne repose pas, au contraire, sur l'union du grand contraste de Dieu et de l'homme que, depuis le commencement, l'Eglise a cru exister en Jésus. Mais nous laissons cela de côté. Pour notre but, il suffit de voir comment, dans le mariage de la critique moderne avec la christologie de Schleiermacher, telle que Keim la complète, le mouvement critique a fait un pas en arrière. Ce n'est pas le motif dogmatique, ce n'est pas seulement l'élément de l'âme, que Keim ne veut certainement pas sacrifier, qui ont occasionné ce retour en arrière, mais bien le grand sérieux de la conscience historique qui le distingue de tous les autres et lui fait une obligation de reconnaître les faits avérés de l'histoire. Il ne s'y soumet pas complétement ; aussi ne tire-t-il pas encore toutes les conséquences qui en découlent. Cette méthode lui indique au moins le chemin par lequel on arrive à la connaissance du dogme. Ces faits sont les miracles de Jésus, sa résurrection, sa connaissance personnelle au point de vue religieux et moral, et sa promesse de retour pour le jugement. Aussi bien, ces faits sont-ils autant de questions que l'histoire de Jésus nous adresse. La réponse à ces questions ne pourra pas différer de la croyance de l'Eglise primitive (1).

C'est là le profit que l'Eglise retirera de cette agitation des esprits. C'est sa foi qui a été jetée dans le creuset de la critique historique, non-seulement pour en sortir mieux épurée, mais pour en sortir dans un état où les exigences de la conception historique et humaine recevront une entière satisfaction. C'est un besoin de notre temps de saisir Jésus, non pas simplement dans les formules dogmatiques, mais dans la vivacité historique de sa vie humaine. Notre tâche consiste en ceci : que nous reconnais-

____

(1) Voir la note E, à la fin de la brochure.

sions ce besoin, que nous nous laissions conduire par lui sur le domaine de l'étude historique, et que nous montrions comment cette activité humaine ne peut être comprise dans ses particularités, sans ce contenu éternel dont l'expression est le dogme de l'Eglise.

Notre époque n'a aucune inclination vers les questions dogmatiques, et cependant elle montre le plus vif intérêt pour une étude qui, à vrai dire, se présente sous l'aspect d'un récit de l'histoire, mais qui n'a d'historique que le costume et qui au fond est dogmatique. On sent qu'il s'agit là d'un dogme qui décide de toutes les vues religieuses du monde et qui même est d'une importance capitale et pratique pour chaque individu. C'est avant tout la lutte sur la question de Dieu et de sa révélation qui se débat sur le fond de la vie de Jésus. Et cette lutte pénètre dans la vie religieuse de chaque chrétien. S'il me fallait trouver une expression concrète à ce problème de la vie individuelle, je dirais : C'est la question de savoir si nous avons le droit de nous écrier comme Etienne mourant : Seigneur Jésus, reçois mon esprit! Notre preuve pour ce droit et surtout notre justification de la physionomie du monde chrétien, comme elle se caractérise d'après la personne de Jésus, se trouve dans ces faits que j'ai nommés et que la critique, si elle veut être historique, ne peut pas contester, n'importe à qui elle attribue les évangiles. Mais à ceux, au contraire, qui sont devenus inquiets et incertains par les productions souvent si passionnées de nos jours, le chemin le plus sûr et la méthode la plus efficace est de regarder à l'Evangile lui-même. La figure de Jésus-Christ, que les saints Livres nous montrent si simple et pourtant si irrésistible, est plus efficace que toutes nos preuves. C'est là le meilleur témoin de sa vérité et de son activité, et c'est là aussi une force qui subjugue les cœurs et nous fait tomber à genoux devant le Sauveur des hommes qui est venu sur la terre pour nous ouvrir le ciel.

Laissez-moi donc conclure par cette vieille déclaration : Jésus-Christ est le même hier, aujourd'hui et dans l'éternité.

NOTES DU TRADUCTEUR

A (page 15). *Idée vraie du Miracle.*

L'on voudra bien remarquer combien l'idée que se fait notre auteur du surnaturel diffère de cette explication vulgaire d'après laquelle il faudrait le définir : ce qui est contraire aux lois de la nature ou ce qui s'opère en dehors de ces lois. Rien ne peut s'opérer dans le monde ni contrairement aux lois de la nature, ni sans le concours de ces lois : ce serait vouloir trouver le secret de fixer quelque chose dans le vide. Mais, dans ces lois qu'il a établies et qu'il conserve, Dieu peut toujours intervenir par un acte direct de sa puissance libre et créatrice. Cette intervention, sans changer ni suspendre les lois de la nature, leur fait produire un résultat qui n'aurait pas été produit sans elle.

Quand nos saints Livres nous parlent, par exemple, de la naissance du Christ, ils mentionnent la durée de la grossesse et son terme. Tout se passa donc comme de coutume, les lois de la nature ne furent pas interrompues. C'est dans le point de départ, dans la conception seulement que se trouve le miracle.

B (page 19). *La subjectivité.*

Il est très vrai que nous ne profitons d'une chose qu'à la condition de la connaître ou de la sentir, et que ce que nous ne connaissons ni ne sentons est pour nous comme n'existant pas. Mais faut-il nier l'existence de ce qui nous est inconnu? Un flambeau ne m'éclaire qu'à la condition que mes yeux soient ouverts pour en recevoir les rayons;

si mes yeux sont fermés, le flambeau en existera-t-il moins?

En philosophie, l'on a dit que le corps n'était que la forme de la sensation ou la sensation elle-même. En effet, si j'ai un corps rouge et rond devant les yeux, c'est la sensation de forme et de couleur qui me le manifeste. Toutefois, il ne faut pas confondre l'existence du corps avec la double sensation qui révèle sa présence. Il y aurait là une confusion qu'il faut éviter. Le corps n'est pas la sensation, mais bien la cause de cette sensation. L'*idée* ou l'*image*, car c'est là la signification étymologique du mot, est distincte de l'objet.

On commet la même erreur en théologie quand on confond la vérité chrétienne avec le sentiment qu'elle produit dans la conscience. Nous ne profitons de cette vérité qu'à la condition de la connaître et de la sentir; mais la vérité chrétienne a une existence réelle et tout à fait indépendante du moyen par lequel nous devons nous l'approprier.

C (page 69). *Keim*.

Jusqu'ici Keim n'était guère connu en France que par les citations que M. l'abbé Meignan a faites de ses ouvrages dans sa brochure : *M. Renan, réfuté par les rationalistes allemands*, et par ce qu'en dit la traduction française de la *Nouvelle vie de Jésus*. Tout récemment, M. Ernest Albaric, dans la *Revue de théologie*, de Strasbourg (tome III, 1re livraison), lui a consacré, ainsi qu'à Schenkel, un travail dont la première partie a seule paru. Nous y lisons : « Nous ne croyons pas qu'il soit possible, en parlant d'un développement de la conscience religieuse de Jésus, de ne pas tenir compte en lui de quelque chose de supérieur à l'humanité pure, d'une originalité spirituelle que l'histoire ne suffit point à expliquer, mais qui doit son existence à une présence toute spéciale de Dieu. Christ n'est pas devenu ce qu'il a été, le grand révélateur de la vérité religieuse, uniquement par suite de l'heureuse influence exercée sur lui par les circonstances au milieu desquelles il a vécu : il l'était déjà virtuellement, par suite de sa nature supérieure, avant que de l'être actuellement quand les circonstances de sa vie lui eurent imprimé la forme d'activité sous laquelle il devait fonder une religion nouvelle. » Ce passage, bon à recueillir partout, a plus de prix encore à la place qu'il occupe.

La deuxième partie du travail de M. Albaric vient de paraître. Dans ce dernier article, l'auteur semble avoir pris à tâche de détruire ce qu'il avait avancé dans le premier.

M. Lichtenberger vient aussi de parler de Keim, dans le *Bulletin théologique*, juin 1865.

D (page 70). *L'authenticité de saint Jean.*

Nous avouons ne point comprendre le ton tranchant avec lequel certains auteurs se prononcent contre le quatrième évangile. Quel est donc l'état de la question? Sans discuter les faits, nous allons les rappeler.

Jusqu'en 1820, l'authenticité de cet évangile ne fut pas l'objet d'attaques sérieuses. A cette époque, Bretschneider se déclara ouvertement son adversaire, mais ses objections furent victorieusement réfutées et il se déclara convaincu. Quand Bretschneider se retira de la lice, de Wette reprit la question et finit par faire comme son prédécesseur : après avoir combattu l'authenticité, il se déclara pour elle.

Nous pouvons dire que toutes les attaques que l'on a dirigées contre l'authenticité de l'évangile de Jean sont prises de la critique interne. Les preuves historiques, dont on peut lire un exposé bien fait dans l'*Explication de l'évangile selon saint Jean*, par M. Astié, semblaient parfaitement concluantes, et si, plus tard, on leur a fait subir une nouvelle révision, le motif de ce nouvel examen était déterminé par des considérations étrangères aux exigences de la critique.

Il ne faut sans doute pas repousser en bloc les preuves internes. Elles ont leur valeur; mais il faut prendre garde de ne point se laisser entraîner par l'imagination et par le désir secret de confirmer des idées ou des vues qui nous sont chères. Sans mauvaise intention et avec la meilleure foi du monde, on se persuade souvent ce que l'on désire. Il peut sans doute y avoir telle preuve interne qui devra nous faire abandonner des preuves externes même satisfaisantes. Par exemple, si le contenu d'un livre rend manifeste qu'il a été écrit avant ou après l'époque qui lui est attribuée, il sera impossible de ne pas rejeter les témoignages externes qui affirmaient le contraire. Mais, en fait, que reproche-t-on à l'évangile de Jean? Rien de caractéristique et de décisif. Ce qui combat l'authenticité aux yeux des uns la confirme pour d'autres. On dit, par exemple : Le quatrième évangile n'est pas authentique parce qu'il contredit fréquemment les trois autres. L'on répond : Si l'auteur de ce livre n'avait pas été revêtu de l'autorité d'un apôtre, il n'aurait pas osé s'écarter de ce qui était déjà admis comme certain; il fallait qu'il fût bien sûr de son fait pour se conduire autrement. Ceux-ci pensent que le quatrième évangile et l'Apocalypse ne peuvent absolument pas être sortis de la même plume; d'autres soutiennent que ces deux livres, écrits dans des circonstances différentes et pour des besoins divers, sont en harmonie parfaite dans tout ce qu'ils renferment d'essentiel. On peut lire à cet égard le *Commentaire* de M. Godet. En définitive, ceux qui rejettent l'évangile de saint Jean se trouvent être précisément ceux dont le système théologique serait entièrement ruiné ou même n'aurait pas pu s'élever, si ce livre était conservé comme l'œuvre d'un apôtre. L'on a même vu des auteurs changer d'opinion sur saint Jean en même temps que leurs idées théologiques se modifiaient.

Nous avouons que notre confiance aux preuves internes est considérablement affaiblie par cette circonstance que le style d'un auteur est souvent invoqué pour servir de preuve à des thèses opposées. Pour ceux-ci, l'évangile de Marc est un écrit original d'une grande fraîcheur; pour ceux-là, il n'est qu'un abrégé pâle et incolore.

Au fond, quelle est l'opinion des auteurs les plus compétents et, pourrions-nous dire, le moins prévenus? M. Michel Nicolas se décide pour une demi-authenticité. Il pense qu'il y a dans le quatrième évangile des signes non équivoques qui dénotent un témoin oculaire, et il veut que cet évangile ait été rédigé par un auteur moins ancien, mais avec des notes de l'apôtre Jean. M. Ed. Reuss est pour l'authenticité. M. Ewald se prononce dans le même sens, mais avec des formes on ne peut plus affirmatives : « Il n'y a pas, dit-il, dans toute l'antiquité, un ouvrage dont l'authenticité soit aussi certaine... Les choses en sont aujourd'hui à ce point qu'aucun homme, à moins qu'il ne veuille sciemment choisir l'erreur et rejeter la vérité, n'osera dire que le quatrième évangile n'est pas de l'apôtre saint Jean. Il n'y a qu'un fou qui en puisse douter (citation d'après M. A. Gratry, *Commentaire sur saint Matthieu*, 2e partie, page 326). Après un tel jugement porté par des hommes si compétents et d'une position théologique si peu suspecte, il nous semble que les adversaires de l'authenticité de l'évangile selon saint Jean devraient être plus réservés et que l'Eglise peut se désaltérer en paix à cette source féconde d'édification.

Nous sommes surpris de ne trouver mentionnée ni dans les nouveaux écrits sur saint Jean, ni dans les revues de théologie une découverte qui aurait été faite par le professeur Aberle, de Tubingue. Ce serait une note copiée par le cardinal Thomasius sur le *Codex reginæ Suedæ* et qui ferait partie du premier volume de ses Œuvres éditées par Vezzosi. Voici cette note : « L'évangile de Jean a été publié et donné aux Eglises par saint Jean lui-même et de son vivant, comme l'écrivain nommé Papias, d'Hiérapolis, disciple chéri de Jean, le rapporte à la fin de son cinquième livre. L'on sait, en effet, par Eusèbe, que l'écrit de Papias était divisé en cinq livres. Le cinquième est entièrement perdu. »

A la suite de ce passage, nous en plaçons un autre tout à fait concordant. Il est extrait de la *Catena patrum græcorum in sanctum Johannem*. En voici la traduction : « Lorsque le dernier de ces évangélistes, Jean, appelé le Fils du tonnerre, devint tout à fait vieux, il s'éleva de cruelles hérésies, et, d'après ce que nous ont raconté Irénée, Eusèbe et d'autres historiens fidèles appuyés sur la tradition, Jean dicta son évangile à Papias, d'Hiéropolis, homme de sainte vie, afin de compléter les discours de ceux qui avaient prêché avant lui aux nations de toute la terre. »

Ces deux citations sont extraites du livre que M. l'abbé Meignan, alors professeur à la Sorbonne, publia en 1864 et dont voici le titre : *Les Evangiles et la critique au dix-neuvième siècle*, pages 437 à 456. C'est là qu'elles sont rapportées tout au long et discutées.

Les pages qui précèdent étaient déjà livrées à l'impression, lorsqu'un ami nous a communiqué l'écrit de M. Constantin Tischendorf : *Wann würden unsere Evangelien verfasst?* « A quelle époque furent composés nos évangiles? » Leipzig, 2e édition, 1865. L'opinion d'un homme aussi compétent en ces matières ne doit pas être négligée.

Dans cet écrit, M. Tischendorf reprend la preuve externe qu'il étudie avec un soin particulier. Il s'occupe des citations qui ont été faites des évangiles par les Pères de l'Eglise et les Gnostiques, parle des manuscrits, des versions et de la littérature apocryphe, discute de nouveau les deux célèbres passages de Papias, relatifs à saint Matthieu et à saint Marc, dit que le silence de cet auteur en ce qui touche l'évangile selon saint Jean n'est pas plus étonnant que celui qu'il a gardé sur les nombreux écrits de saint Paul, dont l'authenticité n'a jamais été contestée. Enfin, il nous donne son opinion en ces termes : « Dans toutes les littératures de l'antiquité, il y a peu d'exemples de preuves historiques aussi satisfaisantes que celles sur lesquelles reposent nos quatre évangiles. »

E (page 75). *La foi de l'Eglise.*

Par la foi de l'Eglise, il faut bien moins entendre les symboles écrits et souvent ignorés que le fonds commun de croyances dans lequel s'alimente la piété des fidèles. Les symboles sont affaires de théologiens; on peut les réviser sans que l'Eglise s'émeuve, et c'est ce qui a été souvent fait. Mais que l'on se garde bien de toucher à ce que nous pourrions appeler les éléments populaires et constitutifs de la foi de l'Eglise; il y aurait aussitôt d'énergiques réclamations. Ceci nous paraît expliquer une contradiction apparente de l'histoire de notre Eglise réformée. La confession de foi de la Rochelle qui, comme tous les symboles protestants, repose sur l'interprétation personnelle des Ecritures, enseigne clairement la prédestination. D'où vient que cette confession de foi a continué d'être lue et signée dans les synodes alors même que la croyance à la prédestination était abandonnée et que le synode de 1744, par exemple, recommandait l'usage du catéchisme d'Osterwald qui n'est pas prédestinatien? C'est, sans aucun doute, parce que les synodes restaient fidèles au principe de l'autorité des Ecritures, si nettement formulé dans l'article V, où il est dit : « Ni l'antiquité, ni les coutumes, ni la multitude, ni la sagesse humaine, ni les jugements, ni les arrêts, ni les édits, ni les décrets, ni les conciles, ni les visions, ni les miracles ne doivent être opposés à cette Ecriture sainte; mais au contraire, toutes choses doivent être examinées, réglées et réformées selon elle. » Conformément à ce principe, nos pères croyaient pouvoir et devoir renoncer à ce qui n'était que le résultat d'une interprétation erronée. Ils étaient, à la fois, conservateurs et progressistes.

Paris. — Typ. de Ch. Meyrueis, rue des Grès, 11. — 1865.

BROCHURES PUBLIÉES
EN 1863
A L'OCCASION DE LA VIE DE JÉSUS DE M. RENAN

Alexandre. Jésus, Fils de Dieu. In-8. Toulouse.

Arnaud (E.). L'Instinct religieux, la Raison et Jésus-Christ. In-8. Paris.

Augé. Neuf pages décisives sur la Vie de Jésus de M. E. Renan. In-8. Paris.

Barré. La Vie de Jésus, par E. Renan. Vers. In-8. Versailles.

Bertrand (L.). Un coup de griffe en faveur de M. Ernest Renan. In-8. Lyon.

Blok. M. Renan et le judaïsme, Vie de Jésus. In-8. Paris.

Bourquenoud. Les distractions de M. Renan. In-8. Paris.

Bussy (de). L'âme de Mlle Henriette Renan à son frère Ernest. In-32. Paris.

Cinquième (le) évangile de M. Renan. In-8. Caen.

Clabaut. E. Renan et l'Evangile. In-8. Paris.

Cochin. Quelques mots sur la Vie de Jésus de M. Ernest Renan. In-18. Paris.

Courtaut. Les contradictions de M. Renan. In-8. Paris.

Correspondance apocryphe entre M. Renan et sa sœur Ursule. In-12. Paris.

Crellor. M. E. Renan guerroyant contre le surnaturel. Besançon.

Cros (l'abbé). M. Renan démasqué. In-18. Montpellier.

Descombaz. Le Jésus de M. Renan. In-8. Paris.

Desgeorges-Richard. La mitraille contre l'ouvrage d'Ernest Renan, en vers. In-32. Lyon.

Desgeorges. Vue échappée sur la Vie de Jésus d'Ernest Renan. In-8. Paris.

Deshaires. La Vie de Jésus, les Evangiles et M. Renan. In-8. Paris.

Deux articles sur la Vie de Jésus par M. Renan. In-8. Paris.

Divinité (la) de Jésus à propos du livre de M. Renan. In-12. Paris.

Félix (R. P.). M. Renan et sa Vie de Jésus. In-8. Paris.

Freppel. Examen critique de la Vie de Jésus. In-8. Paris.

Havet. Jésus dans l'histoire. Examen de la Vie de Jésus par M. Renan. In-18. Paris.

Hello. M. Renan et la vie de Jésus. In-8. Paris.

Hervé. Divinité de Jésus. Réponse à M. Renan. In-18. Paris.

Jourdain. Réfutation rationelle de la Vie de Jésus. In-8. Amiens.

Lacordaire (R. P.). Aux lecteurs de M. Renan. La divinité de Jésus-Christ. In-8. Paris.

Lasserre. L'Evangile selon Renan. In-32. Paris.

Larroque. Opinion des déistes rationaliste sur la Vie de Jésus selon M. Renan. In-8. Paris.

Laurentie. Le livre de M. E. Renan sur la Vie de Jésus. In-8. Paris.

Laurière (de). Un mot sur le livre de M. Renan. In-32. Périgueux.

Lecœur. Observations sur la Vie de Jésus de M. Renan. In-8. Rouen.

Lemaître. La Divinité de Jésus-Christ prouvée par Ernest Renan. In-18. Paris.

Le Peltier. Vie d'E. Renan. In-8. Paris.

Le Roy (E.). Réponse d'un poete à M. E. Renan. In-8. Paris.

Loyson. Une prétendue vie de Jésus. In-8. Paris.

Macrakis. Le vrai Jésus-Christ opposé au Jésus faux imaginé par M. E. Renan. In-8. Paris.

Maguin. Examen du livre de M. Renan intitulé *la Vie de Jésus.* In-8. Metz.

Marrot. La Vie de Renan et le Maudit. In-8. Paris.

— La Vie de Renan, suite à la Vie de Jésus. In-8. Paris.

Maubert. Nicodème. Etude sur M. Renan, d'après un mot de Jésus. In-8. Paris.

Meignan. M. Renan réfuté par les rationalistes. In-8. Paris.

Michon (l'abbé). Leçon préliminaire à M. Renan sur la Vie de Jésus. In-18. Paris.

— Deuxième leçon à M. Renan sur la Vie de Jésus. In-18. Paris.

Mon opinion sur la Vie de Jésus par M. Renan. In-8. Dijon.

Monot. A propos du livre de M. Renan, la Vie de Jésus. In-8. Paris.

Orth. La Vie de Jésus selon M. Renan. Quelques observations critiques. In-8. Mulhouse.

Pagès. M. Renan et son siècle. Réflexions sur la Vie de Jésus. In-8. Paris.

Parisis (Mgr.). Jésus-Christ est Dieu. Démonstration. In-8. Paris.

Pavy (L.-C.). Conférence contre le livre de M. Renan. In-8. Paris.

Pé de Arros. Coup d'œil sur la Vie de Jésus de M. Renan. In-8. Paris.

Peladan. Satan-Renan. Vers. In-8. Roanne.

Petit (l'abbé). Epître à M. E. Renan sur son ouvrage la Vie de Jésus. In-8. Orléans.

Pinard. Notes à l'usage des lecteurs du Jésus de M. Renan. In-8. Paris.

Pinson. M. E. Renan et la Vie de Jésus. In-8. Béziers.

— Suite de M. E. Renan, et la Vie de Jésus. In-8. Béziers.

Plantier (Mgr.). Instructions pastorales contre un ouvrage intitulé : *Vie de Jésus,* par E. Renan. In-18. Nîmes.

— Un Panégyriste de M. Renan. Lettre pastorale. In-8. Nîmes.

Poujoulat. Examen de la Vie de Jésus de M. Renan. In-8. Bar-le-Duc.

Pressensé (Ed. de). L'Ecole critique et Jésus-Christ à propos de la Vie de Jésus de M. Renan. In-8. Paris.

Réponse à M. Ernest Renan sur la Vie de Jésus. In-8. Paris.

Roussel. Le Jésus de M. Renan. In-18. Paris.

Renan (M.) en face du miracle, par un croyant. In-8. Paris.

Vie (la) et la mort de Jésus selon MM. Renan. Havet et Ramée. In-32. Paris.

BROCHURES PUBLIÉES

EN 1864

Anglade. Impossible de nier la divinité de Jésus-Christ. In-12. Paris.

Antichristianisme (l') discours, prononcé par Mgr. l'évêque de Sura. Paris.

Baubil. Vive Jésus! Appel au peuple du manifeste déicide de M. Renan. In-8. Paris.

Bonnet (H.) Lettre à M. Renan sur l'édition populaire de la Vie de Jésus. In-8. Saint-Flour.

Bourgade. Lettre à M. E. Renan à l'occasion de la Vie de Jésus, In-8. Paris.

Carle. Crise des croyances. M. Renan et l'esprit de système. In-18. Paris.

Cohen. Les Déicides. Examen de la Vie de Jésus. In-8. Paris.

Colani. Examen de la Vie de Jésus de M. Renan, In-8. Strasbourg.

— Jésus-Christ et les croyances messianiques de son temps. In-8.

Darripe. Le Peuple à M. Renan. In-8. Bordeaux.

Daspres. Le Christ de l'histoire en face du Christ de M. Renan. In-8. Paris.

Delorme. Les contradictions de M. Renan. In-8. Paris.

Etude sur le livre de M. Renan, la Vie de Jésus. In-8. Strasbourg.

Forest (A.). Jésus-Christ devant Renan. Vers. In-8. Saint-Germain.

Gasne. Jésus-Christ Dieu et homme, réponse à M. Renan. In-8. Paris.

Gratry. Jésus-Christ, réponse à M. Renan. In-18. Paris.

Guettée. Réfutation de la prétendue Vie de Jésus de M. Renan. 1 vol. in-8. Paris.

— E. Renan devant la science. In-8. Paris.

H. Renan à son frère E. Renan. Lettre d'outre-tombe. In-8. Toulouse.

Jésus-Christ Fils de Dieu. Réponse à M. Ernest Renan, par un Espagnol. In-8. Paris.

Kirchen. La Jeunesse de Jésus. In-8. Paris.

Lévy. La Synagogue et M. Renan. Réponse au livre de la Vie de Jésus. In-8. Lunéville.

Loyseau. Lettres sur la Vie d'un nommé Jésus selon M. E. Renan. In-18. Paris.

Malatesta. Les Oui et Non de M. Renan, membre de l'Institut. In-18. Paris.

Maurel (A.). L'Antechrist. Réponse à M. Renan. In-8. Marseille.

Nicolas (Aug.). La Divinité de Jésus-Christ. Démonstration nouvelle. In-8. Paris.

Passaglio. Etude sur la Vie de Jésus d'E. Renan. Trad. par Sampieri. In-8. Paris.

— Deuxième Etude sur la Vie de Jésus d'E. Renan. Trad. par Sampieri. In-8. Paris.

Pavy (Mgr.). Court exposé des preuves de la divinité de Jésus-Christ. In-32. Paris.

— Observation sur le roman intitulé : *Vie de Jésus*, par M. Renan. In-32. Paris.

Perrot de Chezelles. A M. E. Renan. Jésus-Christ crucifié. Vers. In-8. Châlons-sur-Marne.

Ravelet. Le nouveau Jésus de M. Renan. In-32. Paris.

Réfutation sur le Jésus populaire de M. E. Renan. In-8. Le Havre.

Renégat? ou Question indiscrète à M. Renan, par Timonidé. In-8. Paris.

Réville. La Vie de Jésus de M. Renan devant les orthodoxes et devant la critique. In-8. Paris.

Rocher. Réflexions d'un jeune homme sur la Vie de Jésus par Renan. In-8. Nîmes.

Rodet. Etude sur la résurrection de Jésus-Christ. In-8. Toulouse.

Roussel. Les deux Jésus, celui de M. Renan et celui de l'Evangile In-32. Paris.

Tripard. Philosophie de M. Renan dans la Vie de Jésus. In-8. Besançon.

Un mot de réplique à M. Renan sur son livre de la Vie de Jésus. In-8. Lons-le-Saulnier.

Veuillot. La Vie de notre Seigneur Jésus-Christ. In-8. Paris.

— — In-18. Paris.

Wallon. La Vie de Jésus et son nouvel historien. In-18. Paris.

Paris. — Typ. de Ch. Meyrueis, rue des Grès, 11. — 1863.